布达拉宫

藏品保护与研究

古籍文献研究

西藏自治区布达拉宫管理处 编著

四川大学出版社
SICHUAN UNIVERSITY PRESS

项目策划：王　玮
责任编辑：王　玮
责任校对：张宇琛
封面设计：得天文化
责任印制：王　炜

图书在版编目（CIP）数据

布达拉宫藏品保护与研究：古籍文献研究 / 西藏自治区布达拉宫管理处编著．— 成都：四川大学出版社，2021.3
　　ISBN 978-7-5690-4500-0

　　Ⅰ．①布… Ⅱ．①西… Ⅲ．①布达拉宫－文物保护－研究②布达拉宫－古籍－文献保护－研究 Ⅳ．
①K872.750.4 ② G253.6

中国版本图书馆 CIP 数据核字（2021）第 010841 号

书名	布达拉宫藏品保护与研究：古籍文献研究
	Budala Gong Cangpin Baohu yu Yanjiu: Guji Wenxian Yanjiu
编　　著	西藏自治区布达拉宫管理处
出　　版	四川大学出版社
地　　址	成都市一环路南一段 24 号（610065）
发　　行	四川大学出版社
书　　号	ISBN 978-7-5690-4500-0
印前制作	墨创文化
印　　刷	成都市金雅迪彩色印刷有限公司
成品尺寸	210mm×285mm
印　　张	10
字　　数	217 千字
版　　次	2021 年 8 月第 1 版
印　　次	2021 年 8 月第 1 次印刷
定　　价	88.00 元

◆ 读者邮购本书，请与本社发行科联系。
　电话：(028)85408408/(028)85401670/
　(028)86408023　邮政编码：610065
◆ 本社图书如有印装质量问题，请寄回出版社调换。
◆ 网址：http://press.scu.edu.cn

四川大学出版社
微信公众号

总　顾　问	尼玛旦增	刘世忠	曲　珍
总　编	格桑顿珠	觉　单	
副　总　编	索南航旦	贡嘎扎西	多吉次旦
编　委	平措旦增	强巴卓嘎	边巴琼达
	扎西才旦	洛桑珠扎	晋美旺秋
	多吉平措	班旦次仁	斯朗曲珍
	刚索南草	阿央章态	旦增卓嘎
	旦增央嘎		

主　编	索南航旦
副　主　编	边巴琼达　多吉平措
执　行　编　辑	多吉平措　斯朗曲珍
执行编辑部门	布达拉宫管理处文物研究室
摄　影	扎西次仁
藏文书名题写	赤列坚赞

目录

Contents

研究成果

新发现擦绒·索南伟色《造像做法知识之源》解析

　　　　班旦次仁　/3

《仓央嘉措情歌》文献学考察

　　　　多吉平措　/15

探析拉萨版《甘珠尔》（1920—1927）的编制及

喜饶嘉措大师的校勘工作

　　　　扎西才旦　/29

布达拉官馆藏古籍文献明清丝织品函头标签略论

　　　　边巴琼达　/40

简述布达拉官馆藏藏文永乐版《甘珠尔》装帧特点

　　　　刚索南草　/48

藏文古籍文献研究综述

　　——以汉文成果为主

　　　　斯朗曲珍　/58

国外藏文古籍研究动态

　　　　旦增央嘎　/69

觉囊派古籍文献出版研究综述

　　　　则玛其西　/86

目录

Contents

保护与利用

浅谈布达拉宫馆藏梵文贝叶经写本保存现状及预防性保护

次仁玉珍　/95

关于布达拉宫古籍数字化保护的几点思考

阿央章态　/102

布达拉宫馆藏古籍保护与利用

边巴洛桑　/109

纸质文物的保存方法初探

洛桑珠扎　/121

工作动态

布达拉宫古籍保护项目工作情况报告

布达拉宫文物保管科　/127

2020年布达拉宫古籍文献保护利用项目（一期）抢救性保护项目病害评估子项工作初探

扎西拉姆　/132

西藏山南、日喀则和阿里地区寺庙古籍文献整理、保护现状调研分析

任江鸿　岳蕊丽　/143

研究成果

YANJIU CHENGGUO

新发现擦绒·索南伟色《造像做法知识之源》解析

班旦次仁

摘　要：西藏勉唐画派鼻祖勉拉顿珠大师在其《如来佛量度经：如意宝论》中，引用了一段被认为是元朝第一任帝师八思巴的弟子擦绒·索南伟色所著的《造像做法知识之源》中的内容，但该论著未曾有人发现并研究。笔者有幸发现了两部写本文献。这两部写本的发现，为研究 13 世纪西藏萨迦造像风格与我国邻国印度、尼泊尔、孟加拉国和缅甸间千丝万缕的关系提供了重要的线索。

关键词：造像艺术；《量度经》；擦绒·索南伟色；短颈佛

一、引言

世界上有众多的阐释画像或雕塑比例的文献。"通过考古文献可知，古希腊第一代雕塑家公元前 5 世纪的波利克里托斯（Polykleitos）曾写过一部著作，叫 *Kanon*，可以翻译成《比例》或《韵律》。"（李翎，2019:134）在这部书中，波利克里托斯提出以造像的手指为基本单位。古代印度造像艺术中，"《量度经》大概产生于 4 世纪以后印度的笈多王朝（Gupta Dynasty）时期，笈多王朝时期是佛教在印度的全盛期，笈多时代被誉为印度古典主义艺术的黄金时代，佛教艺术臻于鼎盛，印度教艺术也蔚然勃兴，名作迭出，流派纷呈"（于小冬，2006:88）。如今在众多的印度教诸神的造像中，仍然能看到一些蛛丝马迹。比如，印度教中"比例理论（图像测量法）已发展得近乎完美。以《工巧论》（śilpaśastra）为代表的三百多种不同的文献，精确规定了神像的理想身体比例，甚至详细到了最琐碎的细节，例如对泪腺、眼宽、手指甲与脚指甲的边缘大小都作出了具体的规定"（施勒伯格，2016:24）。笈多王朝早期的大部分艺术造像，在继承受到希腊、罗马艺术影响的犍陀罗艺术的基础上，融入了印度民族的审美理念。此外，"佛教文献中也有自己的量度学经典，这些经典实际上是来源于一个见习的婆罗门教传统"（魏查理，2004:61）。古印度佛教中心，比如纳兰陀寺，不仅是主导佛教绘画、雕塑及铸造的作坊中心，同时也编写有关技艺和造像制作的文献，这些文献被译成藏文后成为西藏绘画艺术的经典理论"三经一疏"，即《造像量度经》《画相》《身影像量相》《佛说造像量度经解》，并收录于藏文《大藏经》中。在西藏传统文化大小五明中，工巧明是涉及造像比例绘画技巧的学科。这一学科被诸多西藏学者翻译后引入西藏地区，在漫长的实践过程中，形成了"以述代著"的诸多美术理论。

回望西藏美术史，13世纪是承前启后的年代。在此期间，西藏与中原地区及我国邻国尼泊尔、印度、缅甸等进行了频繁的文化艺术交流，这些交流催生了西藏艺术的大繁荣。此时，印度佛教濒临断绝，早期印度帕拉艺术对我国西藏地区的影响逐渐消退，而尼泊尔绘画艺术则日益繁盛。此时，我国的西藏地区正值萨迦王朝统治时期，后藏地区成为西藏地区的政治、文化、艺术中心。大量寺院的修建催生了对绘画、雕塑的大量需求，并涌现了以阿尼哥（1244—1306）为代表的一大批尼泊尔艺术家。以萨迦班智达为首的一批藏族学者根据《时轮金刚续》等书撰写了对《量度经》进行注释的文献，进一步规范和统一了造像尺寸，遗憾的是这些文献未能保存下来。13世纪至14世纪，西藏有大量的艺术遗存，但是早期的理论文献流传下来的较少，尤其缺乏理论与实物的对照研究。

笔者近年发现，西藏勉唐画派鼻祖勉拉顿珠大师在其著作《如来佛量度经：如意宝论》中，曾引用了一段被认为是元朝第一任帝师八思巴的弟子擦绒·索南伟色所著的《造像做法知识之源》中的文字，这一直是为国内外藏传佛教艺术史学家津津乐道的事情，笔者也竭力搜集与该文献收藏有关的信息。在萨迦寺僧人的帮助下，笔者得以一窥《萨迦寺藏文古籍文献目录》中收录的三个版本。与此同时，笔者的友人有幸获得藏于不丹国家图书馆的电子文献资料。笔者从这些文献入手，解析擦绒·索南伟色所著的《造像做法知识之源》。

二、擦绒·索南伟色《造像做法知识之源》的研究现状

有关《造像量度经》最早的记载见于15世纪勉拉顿珠所著的《如来佛量度经：如意宝

论》。其中在第六节"绘塑师及施主必备的条件"讲道："དེ་ཡང་འགྲོ་བའི་མགོན་པོ་ཆོས་རྒྱལ་འཕགས་པའི་གསུང་གི་བདུད་
རྩིའི་རྫོ་རྗེ་གྲོལ་ཀྱི་ལུས་རབ་ཏུ་རྒྱས་པའི་དགེ་སློང་རྡོ་རྗེ་འཛིན་པ་ཆ་ཚོ་རོང་བ་བསོད་ནམས་འོད་ཟེར་གྱིས་མཛད་པའི་རྟེན་བཞེངས་བཟུགས་གནས་དང་བཅས་པ་འཛིངས་རྩལ་ལོན་
ཏན་འབྱུང་གནས་ཞེས་བྱ་ལགས།"（勉拉顿珠，2006:62）大意为：接受众生怙主八思巴（1235—1280）甘露法语大增智慧的比丘金刚持擦木绒巴·索南伟色的《造像做法知识之源》。这段文字为后人提供了非常重要的信息。由于时代更迭，对该经的研究仅停留于简短的记载中。笔者核对后发现，14世纪拉卜楞版本的珀东班钦·确列南加（ བོ་དོང་པཎ་ཆེན་ཕྱོགས་ལས་རྣམ་རྒྱལ། ）的著作《塑造三依处》（ སྐུ་གསུང་ཐུགས་ཀྱི་རྟེན་བཞེངས་ཚུལ་བཀོད་སོ། ）中有大篇幅的内容与擦绒·索南伟色的《造像做法知识之源》相同，这或许与珀东班钦的著作被其弟子结集有一定的关系，也有可能出自当时一些常见的文献，不一定是直接引用擦绒·索南伟色的内容，仅是这个领域的一些基础内容，故未注明出处。15世纪的萨迦派高僧大仓译师·西绕仁青（1405—1477）撰写的《如何塑造三所依饶富之海》（ རྟེན་གསུམ་བཞེངས་གནས་དང་བཞེངས་པའི་སྐྱར་ཚུལ་དཔལ་འབྱོར་རྒྱ་མཚོ། ），同样参考了擦绒·索南伟色的《造像做法知识之源》（西绕仁青，2007:25）。除此之外，后期撰写的藏文《量度经》和相关工巧明著作中几乎没有关于《造像做法知识之源》的记载。甚至在17世纪著名的五世达赖喇嘛阿旺罗桑嘉措（1617—1682）所著的《闻法录》（ གསན་ཡིག་གཟུངས་ཀྱི་རྒྱ་རྒྱལ། ）中，罗列的传统工巧明《量度经》传承上师名录时，最早记载到14世纪的珀东班钦（阿旺罗桑嘉措，2009:20）。五世达赖喇嘛是当时西藏地区的高僧大德之一，他未能接触到擦绒·索南伟色的著作，应该是其已经失传所致。同时代的第司·桑结嘉措（1653—1705）也是一名多产的学者，研究领域包括佛学在内的几乎所有传统大小五明，尤其是在工巧明方面具有独特的造诣。他主持策划了《藏传佛教绘画艺术》（又译为《藏传佛教绘画量度经》①（ ཚོན་ཆའི་ཀྱི་བྲིས་དཔེ་འགྲོ་ཕན་ཡིད་གསོས་ཞེས་བྱ་བ་བཞུགས་སོ། ），再次通过地方政府对绘画进行了统一和规范。然而，在这本著述中也同样未找到关于《造像做法知识之源》的记载。当代勉唐画派传承人丹巴绕旦在其著作《西藏绘画》之"藏族美术史概论"一节中介绍了13世纪的藏族艺术家，仅有嘎玛拔希（ ཀརྨ་པ་ཀྲཱ། ，1204—1283）和雅堆·久吴岗巴（ ཡར་སྟོད་བྱེ་སྒར་བ། ）（丹巴绕旦，2006:108）。根秋登子（ དགོན་མཆོག་བསྟན་འཛིན། ）在其著作《藏族传统美术概论》的"藏族绘画勉钦两大画派"一节中也仅提到："（勉拉顿珠）撰写的《如来佛量度经：如意宝论》是关于藏族造像工巧明的第一部著作。"（根秋登子，2002:99）从以上文字可知，本土绘画大家对擦绒·索南伟色知之甚少。

随着藏学在西方的迅速传播，藏族传统绘画研究也受到西方人士前所未有的关注，西方学者积

---

① 《藏传佛教绘画艺术》又译《藏传佛教绘画量度经》，本书由甘丹颇章政权出资，第司·桑结嘉措主持策划，洛扎活佛洛布嘉措、江孜·嘉样旺波、昂仁桑结曲扎合著，原稿藏于西藏档案馆。

极开展对藏族美术史的研究。意大利藏学家图齐、法国藏学家石泰安等早期藏学研究者基本上是在藏学领域内对藏族美术史进行研究。德国西藏美术史学家大卫·杰克逊在《西藏绘画史》中提及擦绒·索南伟色："擦瓦绒巴·索南沃塞是最早撰写有关艺术的正式专论短文的人。他是萨迦班智达的侄子八思巴·洛珠坚赞的弟子，著有一部论述工巧明的专著《神佛像做法·智慧生处》，在近代这一部书在西藏也极为罕见。"（杰克逊，2001:58）总而言之，国内外学者对这部著作的研究，基本停留在对 15 世纪勉拉顿珠的记载上。

三、文本解析

（一）作者与成书年代

笔者发现了两部擦绒·索南伟色造像学理论的手抄本。一部收藏于不丹国家图书馆，在萨迦派上师著作目录中，其首页印有红色图书馆印章，手抄本梵夹装形式，藏文"簇仁"（ཚུགས་རིང་）体书写，每页7行字，共有49页。从字体、语法结构、纸墨等特点来看，该手抄本具有13、14世纪藏文古籍文献的特点。另一部收藏于中国西藏的萨迦寺，编号0904，手抄本梵夹装形式，用藏文"白簇"（དབུ་ཚུགས）体书写，每页7行字，共有61页。从装帧、字体、纸张等特点来看，该手抄本明显晚于不丹国家图书馆所藏本，具有17、18世纪藏文古籍文献的特点。两部手抄本均包含10章的内容：如何寻找塑造三依处（佛像、佛经、佛塔）的地点（གནས་སུ་བཞེངས་པའི་ས་བཤད），加行仪轨（སྔོན་དུ་འགྲོ་བའི་ཆོ་ག），如何建造寺院和克服缺点（བཞུགས་གནས་འཁོར་དང་བཅས་པའི་བཟོ་རྒྱ་སྐྱོན་སེལ་དང་བཅས་པ），三依处的分类及类型（རྟེན་གསུམ་གྱི་དབྱེ་བ་དབྱེ་བ་དང་བཅས），佛塔量度（མཆོད་རྟེན་གྱི་ཆ་ཚད），佛像量度（སྐུ་གཟུགས་ཀྱི་ཆ་ཚད），对施主、绘塑师、材质的要求（ཡོན་བདག་ལྷ་བཟོ་རྒྱུ་ཆའི་མཚན་ཉིད），塑造三依处及功德（རྟེན་གསུམ་ཇི་ལྟར་སྒྲུབ་ཚུལ་ཕན་ཡོན་དང་བཅས），如何对塑像开光（རབ་གནས་ཀྱི་སྒྲུབས），塑像开光的益处（རབ་གནས་ཀྱི་ཕན་ཡོན），它们构成了一个完整的理论体系。

不丹国家图书馆所藏手抄本首页

中国西藏萨迦寺所藏手抄本尾页

　　为了考据萨加寺所藏手抄本的作者与成书年代，笔者对其尾记内容进行了分析和确认。尾记记载："ཉེན་གསུམ་བཤགས་གནས་དང་བཅས་པའི་བསྒྲུབ་ཚུལ་ཡོངས་ཏུ་འབྱུང་གནས་ཞེས་བྱ་བ་འདི། བླ་མ་དག་ནི་རྣམས་ཀྱི་རྗེས་སུ་བཟུང་བས། ཤེ་སྣོད་དང་། རྒྱུ་

བྱ་མིན་པ་དང་བཅས་པ་འཛིན་ཅིང་། ཤེས་ལ་སྐྱོག་གི་དང་འབྱུང་ཆད་ཙ་པ་དགེ་སློང་རྡོ་རྗེ་འཛིན་པ་བསོད་ནམས་འོད་ཟེར་ཞེས་བྱ། ཡང་གཞན་འཇམ་དབྱངས་སུ་གྲགས་པས་

བས་ཚོ་གི་དགེ་གནས་སྐྱབས་ཟོ་ཞེས་པར་ཆུ་སྦྲུལ་གྱི་ལོ། དབྱར་ཟླ་བའི་ཡར་གྱི་ལ་གྲུབ་བོ།། འདིས་གཞན་ལ་ཡང་ཕ་རྒྱ་ཆེན་པོ་འབྱར་གྱུར་ཅིག །དགེ་ཞིང་

བཀྲ་ཤིས་པ་དང་ལྡན་པར་གྱུར་ཅིག །དགེའོ།། དགེའོ།། ཉེ་དེ་དེ།།།"其大意为：此《造像做法知识之源》曾追随诸多上师，持经藏及续部教诫，获一丝知识智慧之光的比丘金刚持索南伟色，亦"嘉央"，在擦木绒地方的迦宗隐地水蛇年五月完稿，愿此对他人获得广阔的利益，善哉吉祥！

　　通过这一段记载我们可知《造像做法知识之源》的作者为擦绒·索南伟色，亦"嘉央"，撰写时间为水蛇年。因未交代藏历"绕迴"（རབ་བྱུང་）①的年份，所以不能确定它的具体年代。勉拉顿珠大师指出作者是八思巴的弟子，按照八思巴（1235—1280）的生卒年来推算，成书年代应该是藏历第四或第五绕迴水蛇年。藏历第一绕迴火兔年始于1027年，第四绕迴水蛇年为1233年，八思巴尚未诞生，因此可以确定为藏历第五绕迴水蛇年，由此可推算出此著作撰写于1293年。

　　此外，笔者又在《萨迦文集之八思巴文集》第四部（ས་སྐྱ་བཀའ་འབུམ། ཆོས་རྒྱལ་འཕགས་པའི་གསུང་རབ་པོ་ཏི་བཞི་པ།）中，找到一封八思巴所写的《给擦绒巴的书信》（ཚ་རོང་པ་ལ་སྤྲིང་བ་བཞུགས་སོ།།）（萨迦·八思巴，2007:316），其大致内容是擦绒·索南伟色为了证实两人之间的师徒关系，请求八思巴写一

---

① "绕迴"（རབ་བྱུང་）为藏语音译，它是藏历的纪年方法，60年为一个周期。从公元1027年开始，倡始自吉觉译师达伟伟色。

封书信给他。在藏传佛教中，个人所受法脉传承的正统性及师徒传承的严谨性历来备受推崇，更何况是与八思巴结下的法缘。从尾记中，我们还得知索南伟色是一位接受了严格戒律的比丘僧。按照西藏早期传统，上等画师为比丘，中等画师为居士，下等画师为俗人（门拉顿珠、杜玛格西·丹增彭措，1997:1）。当然，这与当时所处的社会环境、艺术活动服务的对象和赞助人的诉求有关。再谈谈"擦绒"（ཚ་རོང་ལགས་ཚང་）的称谓。在现代藏语日常语境中，"擦绒"主要是指四川省甘孜藏族自治州的丹巴嘉绒藏族地区，而丹巴嘉绒藏族地区显然并非指擦绒·索南伟色名中的"擦绒"。为了探寻"擦绒"的真实所指，笔者于2019年11月27日前往地处日喀则市萨迦县的萨迦寺。在萨迦寺僧人和当地百姓的帮助下，笔者找到距县城约155公里的擦绒乡，从擦绒乡徒步两个小时，笔者又找到一处隐修闭关的遗址。上述尾记中提到"迦宗隐地"，通过八思巴的书信能够确认擦绒·索南伟色是在萨迦寺受戒修习的一位格西（大学者），与笔者现场调查的情况相互验证，据此可推测"擦绒"即为萨迦县擦绒乡。

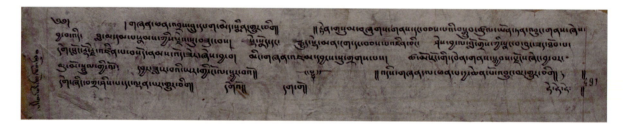

擦绒·索南伟色《造像做法知识之源》尾记

八思巴《给擦绒巴的书信》

（二）仪式和造像分类

藏族学者的思想常常表现在对梵文典籍的注疏上，"以译代作"的现象屡见不鲜，真可谓"一部译经史，半部佛教史"。《造像量度经》传入西藏后，经过历代高僧的翻译、注释及补充完善后，已经成为藏族文化的一部分。我们从《造像做法知识之源》中可窥一斑。

《造像做法知识之源》共十章，其中，第一章至第四章、第七章至第十章包含的内容较多，但与造像量度没有太大的关系；第五、第六章则详细介绍了造像量度的标准。以下分而论之。

第一章根据堪舆学（ས་དཔྱད）和《密部总续》（གསང་བ་སྤྱི་རྒྱུད）、《曼荼罗仪轨宝焰》（དཀྱིལ་ཆོག་རིན་ཆེན་འབར་བ）这两部经典著作，阐述了在建造寺院、佛塔、宫殿时，如何根据方位、土地的颜色、山形等选择适宜的地址。堪舆学在西藏地区历史悠久，早在佛教传入之前，古代藏族人为了选择建造宫殿、房屋、"拉则"①等的适宜地址，都要举行相关仪式。7世纪汉地堪舆学传入西藏，8世纪又从西藏传入古印度西部，11世纪南亚堪舆学传入西藏，直至17世纪西藏形成了以《白琉璃》（索南航旦，1996:1,78,89）②为代表的独特的堪舆学。第二章根据萨迦·扎巴坚参（རྗེ་བཙུན་གྲགས་པ་རྒྱལ་མཚན，1147—1217）的修法备忘录、梵典文献及根本上师的教言，讲述了在塑造佛像和搬迁佛像时，需要举行的仪轨和注意事项。第三章通过阐述宗教的神圣存在和吉凶祸福的预测方法，为如何选择合适的建造地点赋予了宗教的解释。另外，从侧面构建了寺院建筑装饰的美学观念。第四章阐述了造像的分类及类型，一是不共（或特殊）分类：身所依为寺院、佛塔，语所依为念珠、铃、长腰鼓、海螺、唢呐等乐器，意所依为金刚橛、钺刀、短矛、铁钩、羂索等手持物；二是共同（或寻常）分类：身所依为佛像，语所依为佛经，意所依为佛塔。这种方式一直沿袭至17世纪，得到第司·桑结嘉措等历代学者的推崇（第司·桑结嘉措，2009:362）。第七章阐述了绘塑师应具备的条件。正是该章节中的部分内容被勉拉顿珠大师引用后，我们才得以知晓这部著作的存在。第八章讲述了塑造佛塔、书写经书典籍和铸造佛像的过程。其中包括制作蜡模、镀金、装镶嵌物、颜料的使用、塑造泥塑所需材料，以及雕刻顺序和材质等。第九章引据《引神安住续》（《开光续》）、大译师仁钦桑波（958—1055）汇集的相关开光文本、由杰尊·扎巴坚赞（1147—1216）注解的开光仪式，强调开光仪式的重要性——一座造像或一幅绘画经开光加持后变成一件圣物。第十章介绍《开光续》《时轮续》中所阐述的对造像开光具有积德、获得转轮法王之身、除业障等功能。

（三）量度标准

《造像做法知识之源》的第五章和第六章对佛塔、造像的量度进行了较为详细的解析。作者介绍了吐蕃赞普赤松德赞时期被迎请到西藏的印度佛学家寂藏（སློབ་དཔོན་ཞི་བ་འཚོ་བོ）对佛塔量度的阐述，

---

① "拉则"系藏语音译，是生活在藏族地区的人在山口、山坡、主峰、边界等处用石头、土石堆砌的石堆，其上插有长竹竿、长箭等，还拴有经幡。

② 索南航旦《地相文汇编（藏文）》："莲花生撰写的密乘次第所出的堪舆学"（སློབ་དཔོན་པདྨའི་གསང་སྔགས་ལམ་རིམ་ལས་བྱུང་བའི་ས་དཔྱད་ཡོད）"金洲大师授予阿底峡的堪舆学宝珠之梯"，（ས་དཔྱད་རིན་པོ་ཆེའི་ཐེམ་སྐས་ཞེས་བྱ་བ་ཇོ་བོ་རྗེ་ལ་གསེར་གླིང་པས་གནང་བའི་ས་དཔྱད）《第司·桑结嘉措.白琉璃所出堪舆学》（སྡེ་སྲིད་དཀར་པོའི་ས་དཔྱད་ལས་བྱུང་བའི་ས་དཔྱད་བཀོད་པ）。

并指出符合量度标准的佛塔如同白日的星星般稀少，倘若画师对量度不熟悉，则谈不上对美的展现。作者以菩提塔量度为例，以尊胜塔为辅，以楼阁式塔为特例指出具体的量度标准，以及佛塔莲瓣、塔伞、十三法轮、塔盖等的象征意义。寂藏的这部论著虽已散佚，但意大利藏学家图齐在其著作中讨论关于大乘佛教如何以可见之相来表现其诸法无自性，即龙树所说的空的基本原则时，认为寂藏的这部论著被收集在《大藏经·甘珠尔》的"释怛特罗"中（图齐，2009:25），这充分证明了有关佛塔、绘画量度的标准与术语均来自印度。

佛像量度分为静相、怒相、静怒相，兼有三种量度。作者首先根据《吉祥胜乐根本续》对塑造不符合量度规则的佛像有什么危害进行了论述。例如，佛像的下巴、颈部与胯部长了对修行人有怎样的危害；佛像的耳朵、鼻子、手指短了阻碍成就正果；佛像的胯部、脸部、腮边画粗了会遭遇不测；腮边、胸膛、肋骨下陷事业不兴盛；乳房、额头、鼻子发生偏向，修行者会面临辩手的困扰。以近乎恐吓的方式对画师提出严苛的要求。藏族民间有一句俗语："想入地狱，学当画师。"从宗教的角度讲，画师的作品如果不符合宗教仪轨要求，比如量度上出现差错，佛像手持物不对，涂色不符合佛经中"生次第"要求，将会造成极大罪业。因此，没有坚定的信念是无法当画师的。

绘制和雕塑佛像，其量度为额头的宽度、鼻子及下颚的长度均为4指，面部的长度则为12指。以此可量一切尺寸，若不知晓这点，其他量度则无意义。

绘制和雕塑静相佛像的量度是全身长度为9协［"གདོང་པ།"（董巴）面部的长度单位，1协为12指］。具体而言，发际以上的长度为4指，颈部的长度也为4指，并在颈部画3条横线点缀，不匀称的颈部长度为2指，心窝到肚脐的长度为1协（12指），大、小腿的长度均为1协，脚踝以下的长度为4指，以此身量为9协（108指或106指）。其他部位的量度标准是顶髻长度为6指，宝饰的长度为2指，顶髻发辫或宝冠的长度为6指，顶部半金刚杵的长度为2指。

怒相佛像皆庄严相，脸部宽阔，身量粗短，故绘制和雕塑怒相佛像的量度是面部长度为1协（12指），身长为5协（60指）。具体而言，发际以上的长度为3指，颈部短无法测量，心窝到私处的长度为10指，若腹部大而肚脐较低，则除上身1协（12指）外余者皆为腹部，肚脐到私处的长度为10指，下巴到私处的长度为2.5协（30指），大、小腿的长度为1协（12指），脚踝以下的长度为3指，因此佛像的总长度为6协（72指）。

静怒相兼有的佛像比静相佛像更庄严，其脸大而短，故静怒相兼有的佛像的度量是脸部长度为8"董巴"，发际以上的长度为3.5指，颈部的长度也为3.5指，心窝到私处的长度为9.5指，脚踝以下的长度为3.5指，因此佛像的总长度为8协（96指）。

四、《造像做法知识之源》的造像"风格"与"美学"观点

归纳分析上述《造像做法知识之源》内容，我们得知静相佛像量度纵向总长为 108 指，这与其他量度经没有差别。藏族人认为，这个数字本身就表示佛教修行达到第一重境界时身体标准长度（门拉顿珠、杜玛·丹增彭措，2005:10）；印度人认为，这些测量单位就是幸运数字（施勒伯格，2016:24）。值得注意的是，造像颈部为 4 指几乎是所有《量度经》的共识。然而《造像做法知识之源》中强调，不匀称的造像颈部为 2 指，这也是 13 世纪萨迦寺造像风格的一大特点，与如今在萨迦寺大殿的 13 世纪一体铸造的释迦牟尼佛像及佛塔遗址中出土的"短颈佛""擦擦"的样式完全吻合。"短颈佛"近年成为国内外学者热议的话题。德国自由学者康柏娜在其《短颈佛再探》一文中指出，13 世纪末杭州飞来峰出现的纪念性塑像中，有 3 尊金刚沙那（金刚座）"短颈佛"，黑水城的唐卡中也有出现。在西夏统治时

萨迦寺 13 世纪建造的释迦牟尼佛像

萨迦桑林寺佛塔出土的 13 世纪"短颈佛""擦擦"

布达拉宫藏缅甸蒲甘王朝时期的
石雕"短颈佛"

缅甸蒲甘寺的"短颈佛"

期（1227 年之前），内亚佛教艺术引起了人们的普遍注意，康柏娜认为，这些短颈佛具有 13 世纪缅甸蒲甘风格的视觉特点，并将这种风格转移到中亚不同地方的原因解释为蒲甘王朝于 1287 年归顺元朝。而杭州飞来峰塑像就是在不久之后雕刻的，并且金刚沙那佛很明显是融合了蒲甘风格和中国藏族及中国其他传统风格（康柏娜，2019:73）。她指出，蒲甘王朝的艺术风格其传播路线是由孟加拉国传入中国中原地区，这显然忽视了 13 世纪西藏萨迦王朝时期以萨迦寺为中心，已经形成了自己独立而具有完备理论体系的佛像造像艺术风格。诚然，我国西藏各大寺院和宫殿收藏了大量蒲甘王朝时期的"短颈佛"造像，但萨迦寺大殿的主尊释迦牟尼佛是萨迦寺第九任法嗣达玛巴拉（ཌྷརྨ་པཱ་ལ，1268—1287）为八思巴圆寂而建造的（堪布索朗嘉措，2012:57,76），以及从萨迦寺东面桑林寺的夏巴·仁钦坚赞（1258—1306）建造的佛塔遗址中出土的佛像"擦擦"，基本上符合"短颈佛"的样式；布达拉宫的合金造像殿（ལི་མ་ལྷ་ཁང་）也收藏了大量蒲甘王朝时期的造像。夏巴·仁钦坚赞是八思巴的弟子夏巴·西绕迥乃出家前的第三子，30 岁时任萨迦寺第十任法嗣（ཁྲི），45 岁任元成宗的帝师，最终在大都圆寂。13 世纪，萨迦成为我国西藏地区的政治文化中心，印度、孟加拉国、缅甸的佛教艺术通过尼泊尔传入萨迦地区。萨迦八思巴成为忽必烈的帝师后，中原的丝绸、瓷器、画像等随之传入萨迦；以阿尼哥为代表的尼泊尔艺术家受邀至元朝皇宫，因此，萨迦的艺术风格传入中原合情合理。此文本的发现和现存实物也证实了"短颈佛"的造像风格特点在当时的萨迦已成气候。

　　从古至今，世界各国的艺术家关于美学的探讨从未间断。在喜马拉雅艺术中，有一种共识，不管艺术是出于供养、教学、叙事，还是实用、纪念、商品、装饰等目的，都是为了积累功德。但并没有解释为何要创造具有艺术价值的物品。尤其是佛教量度经盛行之后，很多人曲解它是为了程式化艺术而创作的。擦绒·索南伟色的《造像做法知识之源》中讲道："མཁས་པས་བྱུན་ན་གདང་ཡང་མཛེས། །མཛེས་པ་ཀུན་དང་མི་ལྡན་ནа། །ཆོ་ཚམས་ཀུན་གྱི་ཅི་ཞིག་གསུངས། །ཆག་ཆོ་དགོས་པའང་མཛེས་པ་ཉིད།"其大意为：智者塑造皆优美，若无具备其美感，佛身量度有何用，量度目的在美感。在对佛像的局部处理上规定量度标准，但同时又强调要做到尽善尽美，如眼睛的宽度、耳部的长度、装饰的花纹等。同时代的萨迦派另外一位高僧迥丹·若贝热赤（བཙོན་ཁུན་རིག་པའི་རལ་གྲི，1227—1304）的量度经（སྐུ་གཟུགས་ཀྱི་མཚན་ཉིད་རྒྱན་གྱི་མེ་ཏོག）《画像点缀之花》篇幅较短，成书年代不详。其中也谈道："ཆོ་བཞིན་བྱ་བ་ལས་མཛེས་ན། །དེ་ལྟར་མཛེས་པ་བཞིན་འགྲུ། །ཆོ་ཉུན་མཛེས་པ་འོན་ཏན་ལགས། །ཆོ་དང་མི་ལྡན་མཛེས་མེད། །ཀྱི་དུ་གཟུགས་ཞིང་དགས་བརྩོན་སོགས། །དེ་ལ་སྐྱོན་ནི་དུ་མ་བཟད།"其大意为：若依从量度而不美，让美的标准优先，量度与美感皆具更好，这两种都不具备，必将会有诸多过失。如此一来，12、13世纪藏族人自己撰写的《量度经》中，我们清楚地知道《量度经》是为美而诞生的，绝非为了限制美的发挥。

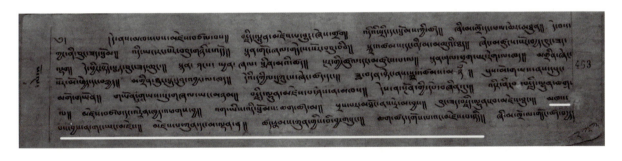

擦绒·索南伟色《造像做法知识之源》之美学探讨

五、结语

　　首先，《造像做法知识之源》的发现填补了13世纪末我国西藏地区萨迦政权时期留下的体态雄浑、肌体壮硕的独特佛像造像的文献记载和理论根源。其次，该文献说明了早在13世纪的《造像量度经》中便强调了不以美感为初衷的《量度经》如同空中楼阁的观点，有力驳斥了《造像量度表》是为程式化服务的说法。第三，细读此文本，便能发现，堪舆学是从我国中原地区及孟加拉国两路传入我国西藏地区的，而后形成了独具特色的藏地堪舆学并流传至今；

而造像量度标准源自古印度笈多王朝时期，甚至可追溯至古希腊的传统。"短颈佛"及"萨迦造像风格"的量度标准，进一步说明了缅甸蒲甘王朝造像艺术在我国西藏地区的影响，而尼泊尔因其独特的地理位置，成为南亚诸国文化艺术传入我国西藏地区的跳板。第四，值得继续探索的是，为什么擦绒·索南伟色的造像量度理论及实践没有被后人继承下来。

参考文献：

阿旺罗桑嘉措，2009.五世达赖喇嘛文集（闻法录1）（藏文）［M］.北京：中国藏学出版社：20.

大仓译师·西绕仁青，2018.大仓译师·西绕仁青文集（藏文）［M］.拉萨：西藏藏文古籍出版社：25.

丹巴饶旦，2006.西藏绘画［M］.北京：阿旺晋美，译，中国藏学出版社：108.

第司·桑结嘉措，2009.五世达赖喇嘛传记（藏文）［M］.北京：中国藏学出版社：362.

根秋登子，2002.藏族传统美术概论［M］.北京：中国藏学出版社：99.

杰克逊，2001.西藏绘画史［M］.向红茄，谢继生，熊文彬，译.拉萨，济南：西藏人民出版社，明天出版社：58.

堪布索朗嘉措，2012.历代萨迦赤巴传（藏文）［M］.拉萨：西藏人民出版社：57,76.

康柏娜，2019.短颈佛再探［C］// 浙江大学汉藏佛教艺术研究中心."高原与丝路：9 至 13 世纪西藏、于阗与敦煌佛教艺术交流国际学术研讨会"会议手册：73.

李翎，2019.佛教造像量度与仪轨［M］.修订本.上海：上海书店出版社：134.

门拉顿珠，杜玛格西·丹增彭措，1997.西藏佛教彩绘彩塑艺术——《如来佛身量明析宝论》《彩绘工序明鉴》［M］.罗秉芬，译注.北京：中国藏学出版社：1.

勉拉顿珠，2006.如来佛量度经如意宝论（藏文）［M］.北京：民族出版社：62.

萨迦·八思巴，2007.萨迦文集·八思巴文集（4）藏文［M］.北京：中国藏学出版社：316.

施勒伯格，2016.印度诸神的世界——印度教图像学手册［M］.范晶晶，译.上海：中西书局：24.

索南航旦，1996.地相文汇编（藏文）［M］.兰州：甘肃民族出版社：1,78,89.

图齐，2018.梵天佛地［M］.上海：上海古籍出版社：25.

魏查理，2004.《造像量度经》研究综述［J］.罗文华，译.故宫博物院院刊（2）：61.

于小冬，2006.藏传佛教绘画史［M］.南京：江苏美术出版社：88.

Christoph Cüppers, Leonard van der Kuijp,2012. Ulrich Pagel: Handbook of Tibetan nIcconometry—A GUIDE TO THE ARTS OF THE 17TH CENTURY:7–8.

《仓央嘉措情歌》文献学考察

多吉平措

摘　要：所谓的《仓央嘉措情歌》约在 19 世纪中叶成版，20 世纪 30 年代被翻译成汉文。虽然社会影响不俗，但是学术界对其版本源流的追溯关注度并不高。本文以新发现的拉萨本《仓央嘉措情歌》为引，利用文献学、历史学相关方法对这部藏文木刻版本及其作者、体裁、非藏语语境下"情歌"一词的演变等进行探讨。

关键词：仓央嘉措；情歌；拉萨本

一、前言

所谓的《仓央嘉措情歌》于1930年经于道泉翻译后，才为国内学术界所知。据于道泉回忆："随之，由赵元任记音，由我注释并加汉英译文的《第六代达赖喇嘛仓央嘉措情歌》，作为国立中央研究院历史语言研究所单刊甲种之五，于一九三〇年，在北平出版问世了。"（黄灏，吴碧云，1985:12,13）这是在汉语语境里首次以"情歌"一词来表达其题材，"情歌"一词从此不胫而走。"情歌"对应的藏文应该是"杂鲁"（མཛའ་གླུ།）或"杂协"（མཛའ་གཞས།），是对男女之间表达爱意类歌曲的泛称。而现在出版的许多藏文版的《仓央嘉措情歌》为"ཚངས་དབྱངས་རྒྱ་མཚོའི་མགུར་གླུ།"，意为"道歌"或者"瑜伽歌"，即带着某种隐含寓意的诗词，通常是修法之人用来表达佛法修行的一种意境。因此，两种不同语境导致人们对《仓央嘉措情歌》内容的解读和阐释出现了分歧，相关争论从未停止。从藏文木刻原版来看，对题材和标题等能否用"情歌"或"道歌"之类术语，尚待商榷。

拉萨本《仓央嘉措情歌》首页　　　　　　　拉萨本《仓央嘉措情歌》次页

二、研究史回顾

学术界对《仓央嘉措情歌》的研究开展得较早，相关成果不计其数。最早发现和整理"仓央嘉措情歌"者是印度学者萨拉特·钱德拉·达斯[①]（达斯，2006: 前言）。他精通多种语言，对我国西藏及周边地区的历史、宗教、语言等的研究成果丰硕。其著作 *Introduction to the Grammar of the Tibetan Language*（《西藏文法初步》）1915 年由印度的大吉岭出版社分部出版，其中附录了所谓的《仓央嘉措情歌》。与达斯同时期进入我国西藏的日本僧人河口慧海到达拉萨后，搜集了数量众多的佛教古籍文献并将其偷偷带回日本，1904 年他在日本公布了其搜集整理的藏文古籍目录（Walsh,1904:118-177），其中也收录了所谓的《仓央嘉措情歌》。达斯把河口慧海用藏文撰写的《入藏行记》全文抄录在其《西藏文法初步》之中（Das,1915），二人在这方面有着广泛的交流。之后，英国人查尔斯·贝尔（旧译柏尔）在《西藏之过去与现在》[②]和《十三世达赖喇嘛传》[③]中也翻译了《仓央嘉措情歌》中的部分内容。

1930 年，于道泉不仅把《仓央嘉措情歌》整篇翻译成中、英两种文字，而且对拉萨本和达斯本进行了比较。据记载："我译完了拉萨本以后，从一位友人处借到了一本达斯底《西藏文法初

[①]萨拉特·钱德拉·达斯，1849 年出生于东孟加拉邦一个印度教家庭。1879 年，达斯在喇嘛乌金嘉措陪同下进入我国的西藏，在日喀则停留了 6 个月，并在回印度时带走了大批珍贵的梵文、藏文古籍。1881 年，达斯与乌金嘉措第二次入藏，逗留了近 14 个月才返回印度。达斯撰写的第二次西藏旅行记于 1902 年由英国皇家地理学会在伦敦正式出版，名为《拉萨及西藏中部旅行记》。达斯两次进入我国西藏窃取情报，无疑为英军入侵西藏提供了重要资料。

[②]本书由宫廷璋译述，1930 年由商务印书馆出版。宫廷璋在其译者序中指出："吾今译之，亦正欲使国人知英人对于西藏野心如此，则宜速图自救。无论其词如何诬蔑无礼，不可不常置案头以资警惕也。"该书中宣扬"西藏独立"的谬论，充分暴露了西方侵略者侵略我国西藏的野心。

[③]本书除了记述第十三世达赖喇嘛的生平事迹，还对我国西藏的宗教、文化、民俗等有相关记载。

步》，乃见该书附录第33页中，也有仓央嘉措底情歌。我将两本对照着看了一遍，彼此微有不同"，"拉萨本中错字非常多，54节中没有错字的只有7节。有时一节中有错字七八，因此翻译时非常困难"。（黄灏，吴碧云，1985:38-39）。于道泉成为国内研究所谓《仓央嘉措情歌》的第一人。之后，刘家驹、刘希武和曾缄等人也翻译过"情歌"的内容，并参考和借鉴了于道泉翻译的版本，但在翻译的风格上做了相应的处理。比如，刘家驹模仿了于道泉的翻译风格，以白话、直白的形式翻译后取名为《西藏情歌》，1932年7月刊载在《新亚细亚》月刊上。而刘希武和曾缄两位则采用比较古雅的文风进行翻译，先后发表在《康导月刊》1939年第1卷第6期和第8期，并提出了各自的观点。正如曾缄所说："民国十八年，余重至西康，网罗康藏文献，求所谓情歌者，久而未获，顷始从友人借得于道泉译本读之，于译敷以平话，余深病其不文，辄广为七言，施以润色，移译既竟，因刺取旧闻，略为此传，冠诸篇首，其有未逮，以俟知言君子。"（黄灏，吴碧云，1985:41）可见20世纪30年代，在国内的学术界，尤其是以《康导月刊》为主的西康主流媒体形成了一股翻译和创作所谓《仓央嘉措情歌》的热潮。

20世纪50年代，王沂暖、苏朗甲措、周良沛、傅师仲等人又相继翻译了该本，1958年作家出版社出版由王沂暖编译的《西藏短诗集》，书中把每一首诗歌的第一句作为标题。

20世纪80年代，国内的藏学研究已成规模，又由段宝林、毛继祖、庄晶、降大任、于乃昌、王振华、胡秉之、杨恩洪等人将所谓的《仓央嘉措情歌》的翻译和研究不断深入。而此时国外学术界也开始广泛关注这一文化现象，其中休斯顿（Houston）的 *Wings of the White Crane* 的前言部分较为深入地探讨了"情歌"及其作者。而1988年索伦森（Sorensen）在 *Indo·Iraninan Journal*（《印度伊朗杂志》）第24期上发表的 *Tibetan Love Lyrics:the Love Songs of the Sixth Dalai Lama* 在翻译的基础上系统地比较和分析了收集到的8种"情歌"版本之间的关系。尤其是中国藏学研究中心和西藏社科院等学术研究机构相继成立，创办了一批以《西藏研究丛刊》为代表的学术刊物，并设立了《仓央嘉措及情歌研究》专栏。从此，人们研究仓央嘉措及其情歌的热度持续升温。发展至21世纪，该领域的研究成果层出不穷，涉及学术研究、文学创作、影视改编、文创开发等领域。

三、《仓央嘉措情歌》文本考析

目前，我们寻找"情歌"一词的由来，可以追溯至达斯于1915年出版的《西藏文法初步》附录8 "the love-songs of the 6ᵗʰ Dalai Lama" 中出现的 "love-songs" 一词。它是原文篇头 "ཚངས་དབྱངས་རྒྱ་མཚོའི་མགུལ་གླུ་སྙན་འགགས་ཀྱིས་བཀོད་པ་བཞུགས་སོ།" 中"མགུལ་གླུ"一词的英译。这里有两点需要探讨：第一，"མགུལ་གླུ"

严格来讲应为"མགུར་གླུ།"的另一种写法。虽然在藏文拼写中有后加字使用同一行（རྗེ་པ་གཅིག་པ།）字母作通假之用的习惯，但是近代藏文书写规则趋于完善，已很少出现类似情况。但是达斯不止一次地提出"མགུལ་གླུ།"（Das,1902:284），他在文本中是否真找到了这一词就不得而知了。第二，"མགུར་གླུ།"一词在非藏语语境中用"情歌"来替代是否稳妥，则是本文关注和探讨的内容之一。比如，《西藏之过去与现在》的中文译本中则使用了"乐歌"一词；《十三世达赖喇嘛传》的中文译本中则使用了"情歌"①和"诗"②这两个词语来表述。可以看出英文中也并无固定的词汇来表达"མགུར་གླུ།"，汉语语境中对用"情歌"一词来表达就更没有标准可言。遗憾的是我们未能找到这两本英文原著，作者使用的是何种英文词汇也就不得而知了。在国内，于道泉是最早接触"仓央嘉措情歌"之人，他也参考了达斯本。因此，以英文"love-songs"一词为准，其相关著作中均用"情歌"来表达，几乎成为一种俗成。后来的几位学者仅仅是对正文内容进行翻译，对标题"情歌"一词，由于未能见到藏文木刻版原件的内容，自然便无人提出不同意见。

可以看出，现在风靡的"仓央嘉措情歌"就是 20 世纪 30 年代，于道泉参考了达斯相关著作后首次在汉语语境中使用了"情歌"一词，现在看来显然是一种不严谨的翻译表达方式，对当下解读"情歌"的内容造成了不必要的困扰。

虽然关于《仓央嘉措情歌》是否为仓央嘉措所作有较大争论，但是从现在掌握的资料来看，所谓《仓央嘉措情歌》木刻版的成版时间不晚于19世纪中叶，它究竟有几种版本，现仍然无法弄清楚。本文以笔者最近找到的木刻本为例，探讨其版本等相关问题。

关于该版本虽然无法找到它出自哪个印经院或者哪座寺院的确切记载，但是从河口慧海搜集的藏文古籍目录中③每本古籍的名称及其搜集地如哲蚌寺、色拉寺、布达拉宫和木如寺等都详细地列

---

① "'宝梵音海'（这是他的藏文名字仓央嘉错之意译）还创作诗歌。我翻译的几首为情歌。这个青年人的确坦率，他没有隐瞒自己的感情。这里有三首诗：郁郁南山草木聚，还从幽处会婵娟；知情只有闲鹦鹉，莫向三岔路口言，他因多重生活而得意洋洋：离群索居布达拉；我是人间一佛陀，闹市行乐酒当歌；浪荡公子原是我。可是又遇到了威胁：纵使龙魔逐我来，张牙舞爪欲为灾；眼前苹果终须吃，大胆将它来采摘，"引自查尔斯·贝尔.十三世达赖喇嘛传[M].冯其友，等译.拉萨：西藏社会科学院西藏学汉文文献编辑室编印.

② "许多人已经记起了'宝梵音海'（即六世达赖喇嘛）写的一首诗，下面是开头：杜宇新从漠地来，无边春色一时回。" "因为，六世达赖喇嘛不是已经在他的一首诗中这样写着吗？跨鹤高飞意壮哉，云霄一羽雪皑皑；此行莫恨天涯远，咫尺理塘归复来。"引自查尔斯·贝尔.十三世达赖喇嘛传[M].冯其友，等译.拉萨：西藏社会科学院西藏学汉文文献编辑室编印.

③ 原文如下："Often Walsh supplied information on the place where the particular publication was procured (names of printeries, price paid, etc., measurement of the leaves, number of leaves) and sometimes he gives a general summary of the contents (supplied by Kawaguchi himself, and often not reliable or not very communicative).Almost all were printed at or near Lhasa, in printeries including 'Bras spung, Rtse Po ta la, Dpal' by orrabbrtan, Pulunka Monastery (?), Bstanrgyasgling, Me ru, Se ra, Chosrtsegling. I have felt free to correct the readings in places by my own lights."

了出来，笔者可以断定该版本被收藏在拉萨的某一处寺院内。另外，一位尼木雕刻师在采访中谈道："该版在刀锋走向上无疑属于尼木雕刻风格，但是比起近现代的手法某些地方存在一些差别，比如在字母'འ'的刀锋走向上该版显得较为古朴，其余与现代尼木雕刻风格无差别。"[①]笔者基于形式和内容，暂称其为拉萨本《仓央嘉措情歌》应无不妥之处。

（一）形式

拉萨本《仓央嘉措情歌》为短卷，长30厘米，宽9厘米，10页，20面，共1461个字符。其中，标题为单独一面，正文共17.5面，最后一页空白。标题为"༄༅། །ཚངས་དབྱངས་རྒྱ་མཚོའི་རྣམ་ཐར་སྙན་འགྱུར་གྱི་བཀོད་པ་ཞེས་བྱ་བ་བཞུགས་སོ།།"[②]，仅从标题来看是较为标准的藏文标题格式，既有开头符号"༄༅།"组合，也把"རྫོགས་ཚིག"即终结词或者结束词及其相对应的分句线（ཤད་ཡིག）标注得较为规整，比如"བཞུགས་སོ།།"。正文第一面字体比其他页面稍大，仅有3行文字，开头符号（ཡིག་མགོ）与分句线（ཤད་ཡིག）的组合方式符合藏文印刷体的标准格式，如"༄༅།།"。不仅如此，每句话最后的双分句线也符合藏文语法的相关要求。由此可以肯定该木刻本是出自一位专业刻版人之手。毕竟如何雕刻藏文印刷体开头符号等形式是刻版人必须掌握的工序，雕刻者可能不一定具备很好的藏文功底，但他在长期的刻版过程中作为一种雕刻习惯把符号准确地刻雕出来也并非难事[③]。正文第二面有4行文字，其余为一面5行文字，相对于第一、二面字体较小，最后一面仅有2行文字。以往纸质版本正文内容皆以六言四节的形式排列，如"ཤར་ཕྱོགས་རི་བོའི་རྩེ་ནས།། དཀར་གསལ་ཟླ་བ་ཤར་བྱུང་།། མ་སྐྱེས་ཨ་མའི་ཞལ་རས།། ཡིད་ལ་འཁོར་འཁོར་བྱས་བྱུང་།།"读起来比较押韵，有节奏感。但是拉萨本（由仓央嘉措文化研究协会编辑:15-39）最初的排列方式并非如此，它共有58首歌词，其中52首以两句为一首进行排列，如"ཤར་ཕྱོགས་རི་བོའི་རྩེ་ནས་དཀར་གསལ་ཟླ་བ་ཤར་བྱུང་།། མ་སྐྱེས་ཨ་མའི་ཞལ་རས་ཡིད་ལ་འཁོར་འཁོར་བྱས་བྱུང་།།"其余6首均呈现出不规则的排列方式，如第20首、第50首、第56首皆三句为一首，即"དགའ་བ་ཉེས་ཤིང་རྒྱུ་བདུད་རྡོ་རྗེ་ཆེ་བ་དག། བདུད་རྩི་སྐྱུ་བར་བྱས་པ་རྒྱུན་ཆད་མ་ཡིན་མ་ལགས་འདྲ།། ངས་ཚོག་འཚོར་མས་བདུང་ད་ངར་སོང་ཆིང་དགོས།། འདུག"（后接）"ང་དང་ཚོགས་པའི་ཕྱེས་ལུས་སྟོང་ངོ་འཕྲིན་འཕྲིན་ལ་བ་བཞིན།། སྐྱ་མགོན་ད་མ་མཟ྄ོ་ཏོང་ད་ཏ་གང་གིས་མི་ཤེས།། སྐྱ་མགོན་ད་ཤོ་ཏོག་འཚོར་མ་ཏང་ད་སྟོང་ད་ང་།"（后接）"དུག་ན་དུག་ལ་ཞེས་མོ་ དུག་སྐྱུ་རྒྱ་འཕྱགས་སོ།། གཱི་ལེ་ཞེས་ད་ཐེང་ད་ནམ་པའི་ག་ལ་འཕྱགས་ ཆེ་བཞེར་གིས།། ཕྱུག་པ་སེ་མས་མྲོ་འཚོར་མ་པའི་འཕྱོན་པ་ འཕྱོན་ཡོངས་གཞིས།"；还有第23首和第28首前一句分为两节即六言一节，后一句跟前面相同为十二言一句即完整一句，"དུ་ཅིང་སེམས་ལ་སོང་ནས་ །འགྱིམས་འཛིན་འབྱོང་ཡོང་བྱིང་པས།། འཆེ་བྱ་ཏ་ན་ཉེན་མ་ བྲོན་བྱ་མི་ཏེ་ གསུངས་བྱུང་།།"（后接）"སྐྱི་བྱ་ཏ་བོ་ ལ་འཆུ་ན་ ཚ་བ་སྐྱར་བྱུང་།། །འདམ་ ཆགས་ བོའི་སྐྱུ་ ནུ་ ཏ་ འཚོང་ འཚེང་ བྱང་ རང་ལ།"。还有第47首"མི་བདགས་བ་ འཆེ་བ་ སྟེན་ ནས་མ་སྟེན་ན་།། སྐྱ་བྱུང་

འཛོམས་ཀྱུང་དོན་ལ་བཀགས་པ་དང་འདུ་ཤྱུང་།།", 其首格式不对称, 内容也未能表达清楚, 应为一首残句。因此, 达斯并未将第47首收录其中。但是, 于道泉将第47首按照原文进行了抄录。达斯把原文均排列成六言四节的形式, 也许是为了更好地对称或押韵。之后, 于道泉也把原文拆成六言四节的格式, 并说出了自己的理由: "原文只每两句分为一段, 并不分节。为读时方便起见, 我乃照歌词中的意思分为五十四节" (黄灏, 吴碧云, 1985:38)。

在此需要探讨的是, 达斯本与拉萨本之间的关系。从达斯《西藏文法初步》中的附录来看, 两者之间并无很大区别, 但是达斯并没有把原件的影印件附录其内, 因此难以准确地断定二者之间的关系, 不过从版本的标题、正文开篇和最后的祝词 "ཇ་ཡༀཀྱུ།།" 来看两者应属于同一版本, 也许达斯的版本跟西藏档案馆所藏版本一样保存状况较差, 有些地方可能存在主观补充、修改之嫌。或者达斯只是在大吉岭从河口慧海那里借阅了此版本, 并抄写下来, 但没有将原书中的附录放在自己的书中。因为上面提到的达斯《西藏文法初步》一书中扫描其他附录如证明、文告、信件、报告等原件, 也许这本所谓的《仓央嘉措情歌》仅仅是从河口慧海处借阅而已, 达斯自己并没能搜集到, 这也是一种假设罢了。

(二) 内容

如上所述, 拉萨本《仓央嘉措情歌》不管出自何人之手, 其木刻形式表明雕刻者具备了专业刻版的基本知识。但是, 从内容上看就有许多问题值得探讨。首先, 标题原文为 "༄༅། །ཚངས་དབྱངས་རྒྱ་མཚོ་ རྣམ་ཐར་སྐུན་འགྲུགས་ཀྱིས་བཀོད་པ་ཞེས་བྱ་བ་བཞུགས་སོ།།"直译为 "仓央嘉措传记年珠所作"。其中 "སྐུན་འགྲུགས་" 一词需要探讨, 它是人名, 还是 "摘录" 或 "辑录" ? 还有 "བཀོད་པ" 在这里是指字面的 "所作" 还是 "雕刻" (བརྐོས) 之意, 也很难讲清楚。由于整版错别字较多, 这两个词究竟为何意已不得而知。需要说明的是, 从标题来看原文中并未出现后来其他语境下的 "情歌" 一词。最早是达斯本中出现了 "མགུལ་གླུ" 一词, 并且他不止一次地强调 "ཚངས་དབྱངས་རྒྱ་མཚོའི་མགུལ་གླུ" 这个组合词的确定性 (Das,1951)。虽然达斯本原件已经无法找到, 但笔者从他转载的书中可以看到在内容排列上虽然与拉萨本之间存在一些差别, 但反复比较后可以断定, 达斯本也属于拉萨本, 或许基于保存状况的原因, 他在版本模糊之处做了补充、替换和修改。比如, 达斯本在第54首即最后一首之后, 又附录了另外7首[①], 可以看出他把文风较为相近的歌词进行了整理。从具体内容来看, "仓央嘉措情歌" 的正字法、连接词表达方式等极不严谨, 且错别字极多, 不管是生僻字还是常见字皆有错误之处, 如 "ན་ཉིང་ལྐབས་པའི་

---

① 原文如下: "མདན་ཚོ་འཛིན་ལ་ཕེབས་སོང་།། མདའི་ལས་འཛུགས་པ་ནང་།། རྒྱུ་འཛིའི་ཕྱུགས་པ་འཛུག་ཀྱུང་།། སེམས་ཤིག་རྗེས་འཛུང་ཡོང་སོ།། རྒྱགས་ཤར་ཀྱི་གླུ།། ནོང་ལྐབ་པའི་མཐིན་ཀྱི་ཚོ།། འཆམས་པ ཡིན་ཡི་འཆི་ཡང་།། འཛོམས་ནས་ཚོ་འཆོར་ལྐབ་སྟོ།། མི་ཚོ་འཆི་ལ་ཡ་ད།། དགོས་ཚོའི་གོང་གཤུན་པོ།། ནུབ་ལྐའི་གོང་གཤུན་ཐང་ཡ།། གཞན་ཕན་འཆོ་དང་ལས་པ།། ལྡུང་ན་བྲོ་ཡུང་སེམས་སོ།། ཉི་ཤུ་ལྐང་མར་སེམས་སོ།། ཤོར།། སེམས་པའི་ལྐབ་འཆུ་ནང་།། ད་ལྐ་འདི་ནག་ཡང་ ཤུ།། ད་ལྐ་འདི་ནག་ཡང་ལ་།། གཏོང་ལྐ་ཞིག་དམ་བྱས།། གཏོང་ལྐ་དམ་པའི་སོ།།། མདད་འཛོམས་མི་འོང་ཤུ་སེ།། སྔ་ནི་ལྐ་མཁམ་ནི་སེ།། ག་ཞོ་འཆམ་ལ་འགྱལ།། མདད་འཆི་དང་ ལྐུ་འཆ་ལ་ས།། གང་ཚ་དག་མཆོག་དཀོན་སྟོ།། སྟངས་ཀྱི་ནག་རྩ་ཚ།། འདི་རྩ་ལྐ་མི་འའི་ས།། མདན་ཀྱི་གྲ་ར་ཀྱུ།། ཕོག་ཀྱང་ལྐ་གཤུན་སོ།།"。

ཤྱང་གཞན།། "ཕོ་ད་ནུ་ཞུག་དུ་རིག་འཛིན་མཚན་དབྱངས་རྒྱ་མཚོ།" 等不胜枚举。

众所周知，藏族传统的木刻工艺，尤其是对重要典籍文献的刻版工作，从书写原文、校对到刻版和再次校对等[①]每一道工序都极为严谨，只要是公开刻版成部的作品，都自然地遵循这样的流程，以求完美。本文所提到的所谓《仓央嘉措情歌》虽然是由专业刻版人雕刻的，但是对它的校对等工作没有达到相关要求，或者根本就没有人进行文字的校对。由此也看出该版本应该属于个人行为。

四、仓央嘉措与《仓央嘉措情歌》之间关系的梳理

所谓的《仓央嘉措情歌》是否为六世达赖喇嘛仓央嘉措所作在学界一直争论不断。关于六世达赖喇嘛仓央嘉措生前有无写下后世所说的"情歌"或者类似题材的诗句，依照人们目前掌握的史料很难说清原委，但是有关他对传统诗学的喜好或者兴趣，在相关史料中则有较为清楚的描写[②]。不仅如此，第司·桑结嘉措对其诗学方面的天赋有过专门评述："未系统学习檀杖师（ དཎྜ）的诗学理论之前，就能自如地创作诗歌。"[③]当然，这里更多的是指藏族传统诗学知识即具有严谨体例之文学作品，与本文主题"情歌"在结构和形式上均有较大差别。目前，我们能够看到仓央嘉措传世诗歌作品除上面提到的零散句子外，在其"索本"（ གསོལ་དཔོན།།）即司膳官所作《出行纪实》[④]中也辑录了

---

① "དཔར་ཡིག་འདི་རྒྱུ་དང་ཞུག་དག་གཏོང་རྒྱུ་ལེགས་སྒྲུབ་ཟིན་མཚམས་དཔར་གཞི་ཆོས་ཏེ་ལེ་ཚེ་རེ་རེ་དང་བརྒྱ་དང་ཞིག་གཅིག་ཐན་ཞིག་ཤིག་གི་ལུགས་ དང་སྐྲ་ཁ་དང་ཆེ་བར་ཆར་བའི་མ་ཡིག་ཞུ་དག་གིས་སྐབས་སྲ་དགོས་ཞིག། སྒྲ་ལྗགས་ལུགས་རྗེ་ཞིག་མ་མཚར་བཀོད་ཞིག། བཤུར་ལུགས་ལྗགས་མཚར་བཀོད་ ཡང་ཞུས་ནས་འགྲིག་དགོས་ཞིག། ཡང་ལ་བ་གསལ་ཞིག་མཚན་འཕོད་ནས་གསལ་ ཞིག་དང་དག་ཞིག་དང་སྲ་ཞིག་བ་ཆེ་བའི་ཆ་ཆ་རྫོགས་སྐྱོང་དང་ " དཔར་གྲོ་ བཅས་འཚིག་ལས། བོད་ཀྱི་དཔར་ཆགས་རིག་པ། མི་རིགས་དཔེ་སྐྲུན་ཁང་། སྤྱི་ལོ་2004ལོའི་ཟླ་3 ཤྱ90

② 原文如下："དུ་མཚོའི་རོལ་པའི་སྒྲུབ་ཐབས་ལ་མཚོ་དང་། དུ་སྒྱིང་དང་ཆེ་མ་ཐུན་ཞིའི་ཡིས་ ... རང་བྱུང་མཚོ་... " 其大意为：无人请奏下，仓央嘉措11岁时作《马头明王修炼前奏颂词》。马头明王慧悯之功德，破除魔障邪恶粉碎之，犹如鲜血淋淋罗刹身，熊熊火焰之中起舞状，手执火焰魔棍在左右，尽是猛像手中之物巳，恶臭骷髅大串在颈部，拨开鲜皮裹在己身体，喝尽心脏所流之鲜血，也把鲜血涂抹在全身，扮为破魔勇士尸主相，炫耀在那众神之中央，通晓一切空相之大法，以此常常翱翔大天宇，举起手中智慧大木杖，一切妖魔瞬间折服哉。སྤྱི་ལོ་1989ལོའི་ཟླ་6ཤྱ242ནས་243。

③ 原文如下：" དཎྜའི་གཞུང་ལུགས་འདི་ལ་གསན་བསྐུར་ལང་ལང་མ་གནང་སྔོན་ནས་སྙན་ངག་སྤེལ་བའི་ཕུགས་ཀྱི་ལུགས་སྲོལ་དུ་གཏན་ནས་ཞིན་ ཤིག་བཟང་བཟོན་དང་། ཆོས་མཆོག་ཆེན་ འབྲུག་ལ་གཏན་སྲུང་མི་རིགས་དཔེའི་སྐྲུན་ཁང་། 2014ལོའི་ཟླ་12པར་ཤྱ74"。

④ 索本（司膳官）洛追旺久所作《出行纪实》包括在当雄桑珠德庆时期写作的《煨桑颂词》（ བསངས་བསྒྱུར་གྱི་ལ་བཟང་ འཛིན་ ）和《敬颂》（ བསྔོ་འཛིན་ ）、在唐拉山顶所作的《誓愿》（ སྐལ་འ ）、在唐拉山脚的查脉洞（ ཁ་མཆའི་ཕུག ）所作的《祈愿》（ གསོལ་འདེབས ）等，并且署有"达玛萨热"（ དྷརྨ་བ་ཨེ ）、"洛桑仁青仓央嘉措"等名讳。此外，在布达拉宫馆藏的17世纪手抄本《甘珠尔》的后记中也有其所作的颂词，均有极高的诗学赏析价值。

较多篇幅，可以看出他对传统诗学的理解。那么，作为当时公众人物的仓央嘉措一生中到底有没有留下一些类似"情歌"的作品呢？或者对歌曲有无特别的爱好呢？首先，《列隆·谢白多吉自传》中有过这样的记载："第穆活佛等随从人员，酩酊大醉，均站立不起、相互搀扶之际，上师（笔者注：六世达赖喇嘛）则无任何变化地行畅谈、写作和歌唱等之举。"①这是仓央嘉措于1703年前往山南，游历沃卡宗（其遗址位于今桑日县沃卡乡）时的情景，作为那段历史的亲历者，列隆活佛在其自传中有较为详细的描写，对我们的研究具有重要的参考价值。同时也看出，仓央嘉措作为高僧对歌曲有偏好应是历史事实，布达拉宫保存的仓央嘉措当年使用过的扎念琴②也可作为辅证。其次，笔者在错那考察时发现，当地至今流传着仓央嘉措为雪夏·巴珠（ཞོལ་ཤར་བ་གྲུ）之女作有情歌的传说。但是关于仓央嘉措有无"情歌"或者类似题材的作品传世，至今很难找到更具有说服力的史料。19世纪的格鲁派高僧隆多·阿旺洛桑（ཀློང་རྡོལ་བླ་མ་ངག་དབང་བློ་བཟང་།）整理过格鲁派历代上师的文集，当然包括六世达赖喇嘛仓央嘉措的几部珍贵作品③，但所谓的《仓央嘉措情歌》却只字未提。可以看出，当时并没有"情歌"流传。

按照目前掌握的材料来看，所谓的《仓央嘉措情歌》最早出现的时间在18世纪末19世纪初。这点在哇莽·衮确坚赞（དབལ་མང་དཀོན་མཆོག་རྒྱལ་མཚན།）作的《汉、藏、蒙等地简明历史》（རྒྱ་བོད་ཧོར་སོག་གི་ལོ་རྒྱུས་ཉུང་དུར་བརྗོད་པ་བྱིས་པ་འཇུག་པའི་འབབ་སྟེགས།）中有记载："从郭莽上师曲达处听闻，'仓央巴（笔者注：六世达赖喇嘛）创作'古谐'（མགུར་གླུས།即道歌）现众多奇妙相，从布达拉宫顶上射出的神箭把纳木错岩崖打穿，此等非凡神迹直到今天也可得见。毋庸置疑，这就是圆满次第的显现。此为章嘉上师讲法时公开讲授的内容。'"④这应是拉卜楞寺格西衮确坚赞在拉萨期间（1798）⑤与哲蚌寺郭莽扎仓的上师曲达（ཆོས་དར་）交流时所谈到的内容。可知在章嘉活佛生活的18世纪末期至少流传有"仓央

---

① 原文如下："དེ་སྨ་སྐྱབས་སྐུ་ལ་སོགས་པའི་ཞབས་ཕྱི་ཚང་མ་བཟིས་འཁྱལ་གྱིས་ལངས་པར་ཆེད་རྟོང་ཚང་དུ་སྟེ་ད་ཉིད་ཅ་དང་འཆི་ཚང་ཆ་བ་ནས་བཞིན་བཞགས་མི་བྱེད་ཅ་འཕ་ལ་སོས་འདུག་ཀ གོང་ས་མཆོག་ནི་འཕུལ་སྐྱོ་ཤིང་ཀ་གུ་མེད་པར་སྟོན་སྟོན་དང་། བཀའ་ཚོན་ཕྱོ་ཉིས་གསུང་སྐུ་གཏན་བ་ཐམས་ཅད་འཕྲུག་མེད་དུ་གནང་ཞིན།" ཚོལ་དཀའ་བའི་ཐོ་རེན་འཛིན་རྣམ་ཐར་བཞིན་ཀྱི་ཧོའི་འཕྲིན་ལས་ཀ་ས་དང་ཆོག་ཤེས་བུ་ལ་བཞུགས་པ་སོ། མཚོ་སྔོན་མི་རིགས་དཔེ་སྐྲུན་ཁང་། སྤྱི་ལོ 2009ལོའི་ཟླ་པ་ 74。

② "ཕྱག་གཟིས་ཀྱི་ལ་ཚུར་གྱི་སྐུ་སྐད་གདོངས་ཀའི་མཆོག་ཤ་ན་དཔངས་གསོ་རེ་གུ་ལེ་ཕྱུ་ལ། དགུང་ཀྱི་ཀ་རྒྱ་བཅུ། འཛི་ཕྱེ་ཚོ་བ་སུར་ས་སོགས་གཡ་ར་ཆ་དང་ཤེ་འཛོར། འཁར བདམ་ཀྱི་དུགྲ་གུ་འགུ་དང་སོར་རྟུ་ཟ་ཀའི་སོགས་སམ་ཆ་དཀོར་ནས་འཛོར་པ་ཡིན་ཞིའི་གཞན་རྒྱ་རྒྱལ་མཆོག་ཚོ་དཔུང་རྒྱ་མཚུང་ཡ་ག་ཇ་ནུ་འཛོར་བའི་ཟགྱ་ བཞག་གཅན།"为本尊殿内所供妙音母像法器六弦琴所系布条上题记的内容。

③ མེ་ཚོགས་ཚོན་ག་འཛོར་ག་མཚོར་དང་ལྲ་སྐྱར་བསྐལ་ག་རྒྱ་དང་འཆུག ས་ག་ཕྱེ་དུ་མཉིར་གཀོ་ག་དཔལ། ཚོ་ལ་ཚོན་ཟིར་ཡིས་ཞ་བའི་ཏུ་ཚིན་གཀོ་འབུ་ ༢ ལྲི་རེ་སྐྱ་ སྐྱན་མེད་ག་ཚོ་ཚོ་མ་ སྐྱ དཔངས་སོགས་དང་། མཁས་རྒྱ་བའི་བཞགནས་པའི་རྣམ་བར་གསུ་བའི་ཡི་ན་རྣམས་སོ། སློབ་ཚོ་ག་དང་ཆ་གི་ འཆལ་ཡི་ གི་ས་འཕུལ་དོ་སྒྲེ་བོད་ཡིག་དཔེ་ས་ཆི་ལ་སྐྲུན། 2002ལོའི་ཟླ 3 545

④ 原文如下："ཆོས་དར་ནས་ལམ་ མགུར་མ་གསུངས་བཅུང་ཆ་དུང་དང་། ཚོ་དཔའི་ཆེ་བ་ཆ་ཚུག་ཆ་ཉ་ན་ན་འཕུག་ གི་སོ་མཐོ་ཡེས་འཆིར་ག་ཚོག་ཆ་ བོ་དཔལ་ས་ག་ས་ཆ་གི་ ཡིད་ཆ་ཉ་ན་ག་ དོ་སྟེ་ གྱི་མཐོ་ དཔའི་ག་བཞི་ ཆེ་ སྐྱ་ སྐྱན་ དང་ ཞག སྐྱ གི་ འཆི་ ཚན་ བ་ ཚ་ བཞ་ རྒྱ་ཆ། " དཔལ་མང་དཀོན་མཆོག་རྒྱལ་མཚན། རྒྱ་བོད་ཧོར་སོག་གི་ལོ་རྒྱུས་ ཆ་ ཉ་ ན་ ཆ་ བ་ འཇུག་ པ་ འབབ་སྟེགས། མཚོ་སྔོན་ 1990ལོའི་ཟླ 7 71。

⑤ དུང་དཀར་བློ་བཟང་འཕྲིན་ལས་གསུང་དཀར་ཆོས་ མཛོད་ཆེན་མོ། སྤྱི་ལོ 2002ལོའི་ཟླ 4 1548

仓央嘉措使用过的扎念琴

嘉措古谐"一说,并在某些寺院或者僧人之间口耳相传。然而在章嘉活佛主持整理编写①的《七世达赖喇嘛传记》中则没有提及,尤其是在讲述六世达赖喇嘛圆寂及转世灵童诞生等情节时恰恰没有谈及"仓央嘉措情歌"及其中的"洁白的仙鹤,借我飞翔之技,不到遥远之地,转完理塘就回"②这一首被后人认为是六世转世于七世最具重要提示意义的句子,不得不让人产生联想。

但是,同时期的八宿寺热让活佛阿旺丹白坚赞所作的《热让教法史》（ རབ་ར་ཆོས་འབྱུང་།）中讲述七世达赖喇嘛时则清楚地提到了上述"句子"。③作者大约生活在18世纪末19世纪初,该史料是我们目前能够找到有关仓央嘉措将转世于理塘一说的最早由来之一,虽然记载的内容在体例上与本文探讨的"情歌"存在一些差别,但至少已经形成了"仓央嘉措情歌"一说,可以看出到了19世纪前叶,"仓央嘉措情歌"出自六世达赖喇嘛仓央嘉措之手成为一种较为普遍的说法。

综合上述史料,仓央嘉措留下"古谐"（道歌）的记载也是19世纪之后的事了,并且还没有形成统一体例,仓央嘉措生活的年代处于动荡之际,其著作未能在当时得到像其他达赖喇嘛一样的整理和刻版,也许其著作留有类似道歌或情歌题材的作品,但是我们能够看到的这一部所谓的《仓央嘉措情歌》,无论是形式还是内容都不是他本人所作。

五、产生的相关问题

按照习惯思维,《仓央嘉措情歌》的作者当然是六世达赖喇嘛仓央嘉措无疑,但是从目前掌握的史料来看,并无直接证据指明仓央嘉措作有"情歌",更没有证据表明其留有《仓央嘉措情歌》之记载。

首先,从拉萨本《仓央嘉措情歌》的题记看,最让人产生联想的就是"年珠"（ སྙན་འགྲགས།）一词。该词汇在解读上很容易出现歧义,可以认为它是一个单纯的人名,我们权且认为有这么一个历史人物存在。但从"情歌"内容来看,显然不是一人所作,不管哪一首都带有明显的民歌韵味,翻

---

①从《七世达赖喇嘛传》开始,历代达赖喇嘛的传记由专人负责整理每日纪要成部,并非真正意义上的撰写,这与《五世达赖喇嘛自传》和《六世达赖喇嘛传记》等在撰写方式上有很大的差别。关于这点笔者在其他文章中有专论,不再赘述。

②仓央嘉措文化研究协会编辑:《仓央嘉措诗歌》,第39页。

③原文如下: "བླ་མའི་གསུང་འགུར་（མགུར）དུ་དག །ཅུང་ཟད་མི་འགྲོ་ལི་ཐང་བསྐོར་ནས་ལོག་བོ་གསུངས་པ་ལྟར། ཡི་དམ་ཆོས་སྐྱོ་ཆེན་དང་རོ་མཉམ་པ་ཡབ་འཕྲོན་རྒྱལ་ད་བ་བསམ་དང་ཀུན། ཡུམ་བློ་བཟང་ཆོས་མ་ཆོས་མ་དག་ནས་ལི་ཐང་དགོན་པའི་ཉེ་འབྲེལ་དུ་སྐུ་བལྟམས།". 其大意为:在上师（笔者注:仓央嘉措）的"古谐"（道歌）中写道:不到遥远的地方,到了理塘就回。（七世达赖喇嘛）其父为琼结·索朗达杰、母亲为罗赛曲措,于仓央嘉措圆寂后的次年即土鼠年七月在理塘寺附近诞生。རག་ར་བསྟན་པའི་རྒྱལ་མཚན། རྒྱ་རར་ཆོས་འབྱུང་འདེར་འདོ་ བོད་ཙོང་སྡ་ཡིག་ད་ཉིན་ད་སྐྲུན་ཁང་། 1990ཚར་ 4པར་ར་300

阅任何一本西藏民歌集子，很多内容与该"情歌"有着惊人的相似之处，可以看出这部所谓的情歌，就是当时从西藏民间歌曲中收集抄录而成的集子，然后使用"年珠"（ སྙན་འགྲགས། ）之名罢了。"年珠"（ སྙན་འགྲགས། ）一词除了当作人名，也包含歌词辑录（ སྙན་ཚིག་སྒྲིག་པ། ）之意。特别需要说明的是这一词汇的藏文拼写规则等问题需要单独探讨。

其次，如上所述，资深的雕刻师看到该版的"嘎查"（ གཤ། ）①后说道："嘎查的刻画似乎不太合理，右边并没有刻出来，显得有点不太标准。一般标准的刻版是，左、右嘎查一定会统一的。"②可以看出，该版至少在一些细节的处理上有待商榷，特别是其中错别字较多、藏文语法使用混乱等。可见，这部所谓藏族经典文学的"情歌"，应是出自一位不具备著书立传能力之人，并且木刻版完成之后并没有组织有关人员进行校对等程序。换句话说，很可能属于个人行为，未能在大范围，尤其是未能在西藏地方文化圈内进行探讨和订正。当下，这一看似粗糙的处理方式，为我们研究该版本产生的社会历史背景提供了不一样的视角，也不失为一条珍贵的线索。

在没有更多证据的情况下，笔者只能把现有的证据链和研究思路进行梳理。《仓央嘉措情歌》也许是后人听说仓央嘉措在世时酷爱作诗，便把这种属于民歌、谚语类的歌词体例冠以仓央嘉措之名。当代的研究人员也发现了这一点，相关人员表示："《仓央嘉措情歌》从内容来看，并非他的著作。这些在体例上与民间文学没有任何区别，有些只是运用了一些近义词，从形式框架上没有区别，岂能是仓央嘉措的真迹？可以看出大多数内容是广大劳动人民在长期的生活当中表达爱情的歌词，也有些可能是当时的拉藏汗等人出于政治目的，而杜撰、整理的。"③

解读所谓《仓央嘉措情歌》的内容，在很大程度上带有很强的主观性，在缺乏强有力的史料的情况下，很难得出严谨的学术成果。虽然几十年来很多人试图解释"情歌"背后的故事，但是呈现的结果无非两种：一种认为是"道歌"，另一种认为是"情歌"或者"政治歌谣"。这两种结果的研究者在未能掌握原版信息的情况下，便想当然地认为该部作品出自仓央嘉措之手，并在这样设定好的背景下展开讨论和解读，甚至以此来评论仓央嘉措。我们纵观拉萨本《仓央嘉措情歌》，与仓央嘉措有关的仅有两首，其中直接提到仓央嘉措名字的只有一首，"住在布达拉宫，仁增仓央嘉措，住在拉萨雪城，风流宕桑旺布"④，还有一首则是很多人认为仓央嘉措圆寂后转世灵童诞生地授记之词，即"洁白的仙鹤，借我飞翔之技，不到遥远之地，转完理塘就回。"⑤除此二首外，其

---

①"嘎查"为藏语" གཤ། "的音译，它是藏文雕版工艺之工序名称。

②2019年9月20，笔者采访了尼木县普松乡普松村的尼木雕刻师普琼阿敏（ བུ་ཁྲུང་ལ་མེན། ）。

③ བོས་རབ་བཀྲ་ཤིས། ཚོགས་མཛོད་ཟིན་འབུད། ཀ་སྤྱིའི་རིགས་པའི་སྙན། 2014ལོའི་ཟླ་12པར། ད71

④仓央嘉措文化研究协会：《仓央嘉措诗歌》，第37-38页。

⑤同上，第39页。

仓央嘉措像

余都是表现隐喻或讽刺类民间歌谣的形式，很难找到与仓央嘉措有关的历史事件所对应的内容。不仅如此，由于运用了大量方言、俚语和俗语，很多词句直到今天仍然无法得知其准确的含义，只能通过前后语境猜其大意。这也使得每个解读"情歌"之人对每一句诗歌的理解都各不相同，也是一种必然。比如，第一首中的"མ་སྐྱེས་ཨ་མ"、第十首中的"ཁ་བའི་འབྲུག"、第十二首中的" རྫ་ག་རྒྱག་པ"、第三十七首中的"མཐུ་ཆོ་ཟིན་པ"等，很难说清楚它们的意思。从所谓的《仓央嘉措情歌》之内容来看，收集了西藏各地的民间歌词和一些谚语题材，而冠以仓央嘉措之名也不是没有这种可能。它的内容是民歌题材偏多，与一味解读该题材为密宗"道歌"或世间"情歌"，以及其他有所影射的歌谣一说，现在看来存在一定的差距。它本身内容的解读就无定律可循，也是仁者见仁，智者见智。只有一字一句地研究藏文木刻版本的相关信息，才能看出一些端倪。

六、结语

　　所谓的《仓央嘉措情歌》在较长的时间里被人们所熟知，不管在藏语语境还是非藏语语境下都获得了巨大的关注。相关学者研究发现，2000—2015 年出版的有关仓央嘉措的图书就达到百余种。[①]事实证明，从这些数目庞大的书籍里，发现与仓央嘉措这一历史人物有关的事情少之又少，多数图书内容属于歪曲事实、随意杜撰。有些研究原地踏步，没能得出更具说服力的成果，所谓的拉萨本《仓央嘉措情歌》更是如此。大约在 19 世纪完成的木刻版所谓的《仓央嘉措情歌》，在当时的主流社会或者文化圈内并没有引起人们的关注，但是后来到了 20 世纪初经过国外的达斯、河口慧海和国内的于道泉、曾缄等人的发掘、整理后，从个人视角过度解读其内容，而形成一种文化现象。到了当下，在藏语体系里，本土学者又把其冠以"道歌"和"历史隐含歌"等进行种种解释，甚至将其辑录于学校的经典文学赏析课本中。按照相关史料，尤其是从所谓的拉萨本《仓央嘉措情歌》来看，是否为六世达赖喇嘛仓央嘉措所作依然存在很多疑点。这种带有强烈西藏民歌韵味的歌词类题材在内容上与六世达赖喇嘛仓央嘉措有关无任何依据，最为关键的是按照木刻版的信息来看，想当然地冠以"情歌"之名更需要进一步的商榷。以此来推，这种普通的民歌类题材作品作为真正意义上的经典文学需要继续探讨。诚然，近百年来"仓央嘉措"在不同文化背景下的认知度极高，这种文化现象已经是一种客观的存在。这有其必然的因素，我们在翻阅史料寻求历史真相的同时，也要关注当下这一文化现象本身存在的合理化，这对全方位研究所谓《仓央嘉措情歌》及其背后相关问题将起到一定的帮助作用。

　　本文从新发现的所谓的拉萨本《仓央嘉措情歌》入手，结合其他史料试图对该版本的完成时间、作者，前人对该版本的研究历程等展开讨论，得出：所谓的《仓央嘉措情歌》大约于 19 世纪成版，虽然未在西藏地区引起人们更多的关注，但是到了 20 世纪初由印度学者萨拉特·钱达拉·达斯和日本僧人河口慧海等人相继搜集并冠以"情歌"之名正式出版后，很快被世人知晓。之后于道泉等老一辈学者在前人研究的基础上，对其进行翻译和较为系统的研究，使之成为现代研究《仓央嘉措情

[①] 近年来，仓央嘉措相关著作的出版速度超出了人们的想象，据笔者粗略统计，自 2001 年 1 月起至 2016 年 12 月止，16 年间，大陆、台湾、香港出版的此类书籍共计 77 种，101 部。

歌》的"范本"。按照目前掌握的材料来看，当时的研究显然存在一些局限或者弊端，尤其是从《仓央嘉措情歌》原版信息来看，对"情歌"和作者是否为六世达赖喇嘛仓央嘉措，以及该版本内容与其有无实际关联等尚存诸多疑问。如果本文能够在更大范围内对该课题开展更深入的研究起到一些积极作用，那便是笔者的用心之所在。

参考文献：

巴桑罗布，2014. 隐秘乐园门隅——门隅的历史法律地位［M］. 北京：中国藏学出版社：159.

柏尔，1930. 西藏之过去与现在［M］. 宫廷璋，译. 北京：商务印书馆.

贝尔，十三世达赖喇嘛传［M］. 冯其友，等译. 拉萨：西藏社会科学院西藏学汉文文献编辑室编印.

仓央嘉措，2016. 仓央嘉措诗歌［G］. 拉萨：仓央嘉措文化研究协会：15,23,25,29,34,36–39.

仓央嘉措，1932. 西藏情歌［J］. 刘家驹，译. 新亚细亚月刊（7）：1.

黄灏，吴碧云，1985. 仓央嘉措及其情歌研究（资料汇编）［J］. 拉萨：西藏人民出版社：13,38–39,41.

荣立宇，崔凯，2018. 国内仓央嘉措相关书籍出版情况考察（2001—2016）［M］. 西藏研究（3）：142–143.

达斯，2006. 拉萨及西藏中部旅行记［M］. 陈观胜，李培茱，译. 北京：中国藏学出版社：前言.

WALSH, 1904. A list of Tibetan books brought from Lhasa by the Japanese monk, Mr. Ekai Kawa Gochi [Ekai Kawaguchi] [J]. Journal of the Asiatic society of Bengal, 2: 118–177.

DAS, C. I. E. R. A., 1902. A Tibetan English dictionary with Sanskrit synonyms [M]. Calcutta: Bengal Secretariat Press: 284.

DAS, 1915. An introduction to the grammar of the Tibetan language [M]. Darjeeling: Darjeeling Branch Press.

DAS, C. L. E. R. B., 1951. A Tibetan–English dictionary with Sanskrit synonyms [M]. Calcutta: Bengal Secretariat Book Depôt.

探析拉萨版《甘珠尔》(1920—1927)的编制及喜饶嘉措大师的校勘工作

扎西才旦

摘　要： 本文将在对《大藏经》之拉萨版《甘珠尔》校勘刻印溯源的基础上，结合这部《甘珠尔》的目录后尾中，对喜饶嘉措大师参与校勘工作未做任何记录却有一番蹊跷的叙述，以相关文献档案资料、历史人物传记、喜饶嘉措大师的三卷本著作和第一手口述史料为依据，论证喜饶嘉措大师在 1920—1927 年这八年间完成校勘这部拉萨版《甘珠尔》的工作经过及所做的关键性工作，也算是对拉萨版《甘珠尔》刻版工作进行的一个梳理。

关键词： 喜饶嘉措大师；拉萨版《甘珠尔》；雪《甘珠尔》；《甘珠尔》目录

一、引言

《大藏经》之拉萨版《甘珠尔》也称雪《甘珠尔》，它是 20 世纪初，由十三世达赖喇嘛主持完成的一部近现代《大藏经·甘珠尔》全集，总集 100 部。这部《大藏经·甘珠尔》的木刻版供奉在布达拉宫山脚下的"雪域利乐宝库院"（雪印经院）内。木刻版完成后，进行了印刷发行。十三世达赖喇嘛委任喜饶嘉措大师为这部《甘珠尔》的总校勘，并参与具体的校勘工作，同时召集多位佛学高僧共同参与完成此项艰巨的任务。然而，在这部《甘珠尔》总集最后一函目录的末尾处却没有喜饶嘉措大师参与或担任总校勘的任何记录。因此，本文将在对拉萨版《甘珠尔》校勘刻印溯源

布达拉宫《大藏经》经书库

的基础上，以这部《甘珠尔》的目录、相关文献档案资料、历史人物传记、喜饶嘉措大师的三卷本著作和第一手口述史料为依据，论证喜饶嘉措大师在1920—1927年这八年间完成校勘这部拉萨版《甘珠尔》的经过及所做的关键性工作。

二、西藏地区存世的《大藏经·甘珠尔》版本概况

西藏地区早期的《大藏经·甘珠尔》版本分别是由前弘期55名译师和后弘期158名译师逐步完成的，这些版本的纸张、函数各异。前弘期出现的三大《甘珠尔》目录和后弘期出现的纳塘版、蔡巴版、德格版和卓尼版《甘珠尔》都是由地方首领主持邀请佛学造诣高深的学者，在不同时期进行编纂、刻印的。它们又可细分为以下几个版本。

赤德松赞时期，百梓等僧人在旁唐无柱殿（今西藏自治区山南市乃东区）搜集殿内供奉的所有佛语偈、函数、标签并登记入册，形成了第一部佛语《甘珠尔》目录，即《大藏经》的《旁唐目录》。

百梓、鲁益旺布等僧人将供奉在丹嘎宫的佛语经典进行编目后，成为《大藏经》的《丹嘎目录》。

13世纪，格西江嘎巴齐资助钦木降贝央，将西藏地区所有的佛语典籍进行整理编纂后，形成

了纳塘版《甘珠尔》，木刻版完成后，进行了印刷发行。

蔡巴司徒·葛伟罗哲以纳塘版《甘珠尔》为蓝本，编刻了蔡巴版《甘珠尔》。

江孜曲杰·饶登贡桑帕也以纳塘版《甘珠尔》为蓝本，造刻了江孜廷彭玛版《甘珠尔》，也称江孜版《甘珠尔》。

第巴·索朗饶登以江孜版《甘珠尔》为蓝本，修造了一套《甘珠尔》。

南召王以蔡巴版《甘珠尔》为蓝本，勘印了一套《甘珠尔》。

布达拉宫珍藏的藏文《大藏经·甘珠尔》

六世达赖喇嘛仓央嘉措以蔡巴版《甘珠尔》为蓝本，交由颇罗鼐索朗多杰刻印一套《甘珠尔》。

德格土司登巴次仁主持刻印了朱砂版《甘珠尔》，即德格版《甘珠尔》。

嘎玛司徒·确吉囊哇为德格版《甘珠尔》编纂了一套《甘珠尔目录》。

1773年，甘肃拉卜楞寺第二世嘉木样·贡确晋美旺布为卓尼版《甘珠尔》编纂了一套《甘珠尔目录》。

1920—1927年，由直贡郭却活佛旦增确吉旺布资助，十三世达赖喇嘛主持新编造刻了拉萨版《甘珠尔》。

以上罗列的这些版本是西藏地区不同历史时期完成整理编纂并盛行的系列《大藏经·甘珠尔》版本。同样，内地也出现了由明永乐皇帝主持刻印的永乐版《甘珠尔》，在北京地区刻印发行的北京版《甘珠尔》等系列版本。这些《大藏经·甘珠尔》版本与西藏地区流行的《大藏经·甘珠尔》版本交相辉映，《大藏经·甘珠尔》为弘扬和普及佛教文化做出了极大的贡献。本文着重论述拉萨版《甘珠尔》的成书过程，并将失录总校勘喜饶嘉措大师作为正清对象，为此引述总校勘喜饶嘉措大师所做功绩进行汇总探析。

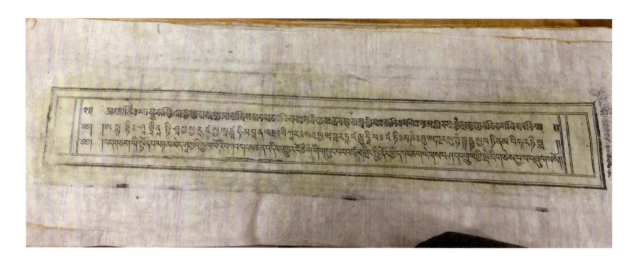

拉萨版《甘珠尔》的目录

三、拉萨版《甘珠尔》校勘刻印溯源

（一）拉萨版《甘珠尔》校勘刻印的历史背景

据《十三世达赖喇嘛传记》记载："本着世间一切利益的根本缘于佛法昌盛存世，必须要传承释迦真传正法留世的重要性，历代有识之士及法王用金银、宝石颜料及墨汁等印刷刻版的各类版本佛语不计其数。然而，刻印《甘珠尔》事业极具规模的是七世达赖喇嘛时期，颇罗鼐索朗多杰以虔诚供养佛法的宏愿，投巨资在不动水晶金刚宫造刻的所有佛语《甘珠尔》献给五世班禅洛桑益西，并将它供奉在纳塘寺内。除德格土司登巴次仁参照并比较多部《甘珠尔》蓝本新创制的朱砂版《甘珠尔》外，拉萨一带《甘珠尔》版本匮乏，加之纳塘版《甘珠尔》已老化而不忍印刷，德格版《甘珠尔》在这一地区不易查找和阅读。因此，十三世达赖喇嘛认为，佛语好似世尊亲临雪域，是佛陀诸事业中最为重要的，犹如唯一之灯塔，利益之根本，世间一切利益不争之正源为佛语《甘珠尔》，为使此至宝流芳于世，他萌生了在西藏地区编纂刻印佛语并将正法之光照耀世间的特殊想法。"拉萨版《甘珠尔》正是十三世达赖喇嘛为发愿弘扬正法而践行的功勋之一。

（二）施主与工作人员

在西藏近代史上，重修经典典籍是一项浩大的工程，需要耗费大量的资源。拉萨版《甘珠尔》的出资者究竟是谁呢？据《十三世达赖喇嘛传记》记载："十三世达赖喇嘛鉴于拉萨一带佛语《甘珠尔》版本匮乏而谋求改变时，虔诚而无私、用心供养佛法的直贡郭却仁宝且（仁波切）且增确吉旺布为此敬献藏银五千两赞助。十三世达赖喇嘛立誓完成这项工程，号令地方各级官吏，由地方政权承揽一切工作，并将众信徒自发组织捐赠的物资悉数用于此项工程。于藏历第十五绕迴铁猴年（1920）四月吉祥日，在罗布林卡格桑颇章附近，组织书写与刻版者近一百人，精选管理者与校勘者，以纳塘版《甘珠尔》为蓝本，正式开展了这项伟大的工程。"（阿旺楚臣，240-242）根据记载，拉萨版《甘珠尔》主要施主为直贡郭却仁宝且旦增确吉旺布，然而《东嘎大辞典》中记载："铁猴1921 年，直贡郭却仁波切贡确旦增赤烈朗杰祈请十三世达赖喇嘛，开始雕刻供奉在布达拉宫的雪版《甘珠尔》。（东嘎，2002：2409）"照此叙述，拉萨版《甘珠尔》的造刻年代比前文所载晚一年，而且施主的称谓也有所不同。实际上，拉萨版《甘珠尔》造刻施主主要为直贡郭却仁波切旦增确吉旺布（以《十三世达赖喇嘛传记》为准），其他则为不同阶层的信众自发捐赠。

（三）喜饶嘉措大师任拉萨版《甘珠尔》总校勘

当时，喜饶嘉措大师从拉萨哲蚌寺果芒扎仓顺利完成学业后，在罗布林卡聚光阁寝宫佛学五部大论辩经考试中荣膺一等名号。在拉仁巴格西授衔祈愿大法会之前，喜饶嘉措大师被破格邀请参加布达拉宫日光殿新年辩经仪轨活动，并在拉萨祈愿大法会上获得第一等拉仁巴格西称号，经过多项学术仪程，最终他声名鹊起，成为佛学界高级学僧。因此，在喜饶嘉措大师完成拉萨祈愿大法会立宗答辩后，十三世达赖喇嘛即刻发令："请你勿回老家，也不要（到）上下密院，即刻到罗布林卡开始校勘刻印布顿·仁钦珠著作的工作。"（格桑嘉措，2018：620）喜饶嘉措大师即从藏历火龙年（1916）四月起至土马年（1919）完成了《布顿文集》的校勘工作。十三世达赖喇嘛为新版《布顿全集》撰写了"重展利益风姿，入者随意下榻天池"的后记，对校勘及刻印工作的圆满完成大加赞扬。十三世达赖喇嘛在极力肯定《布顿文集》新版勘印工作的同时，也认为新勘印拉萨版《甘珠尔》的时机已经成熟，特别嘱托喜饶嘉措大师："虽然在色拉、哲蚌等三大寺院有诸多顶级学者，然而通晓一切者却很难。为了利益佛法与众生之根本，令你作佛语《大藏经·甘珠尔》新版刻印的总校勘。望你以恭敬之心接受。"（格桑嘉措，2018：620）藏历第十五绕迴铁猴年（1920）十三世达赖喇嘛将佛语《大藏经·甘珠尔》的校勘、编纂、刻印等工作，正式交给了喜饶嘉措大师、旦增赤烈（达赖喇嘛专职侍读）和以甘丹赤巴为代表的有名望的学者。

其间，十三世达赖喇嘛对参与这项大型出版事业的所有工作人员给予了厚望。据其传记记载，铁鸡年（1922）四月初四这天，为了做好《甘珠尔》新版制作工作，十三世达赖喇嘛对参与这项事业的 90 多名工作人员进行加持和摸顶赐福。同时，相关口述材料指出，十三世达赖喇嘛会不定期至校勘、书写及刻版的工作现场，详细垂询工作进展。只要发现存在任何问题，他会当场要求就地改动或提出解决办法，对于存在的复杂问题，他会根据实际情况，第一时间进行答复或解决。另载："他为了新版《甘珠尔》制作工作的顺利推进，破除难以预测的不利之因，在罗布林卡及上下密两院精心组织 20 多名专职祈福人员做祈福禳灾的仪轨。"（格桑嘉措，2018：620）为顺利完成这项事业发挥了至关重要的作用。

四、喜饶嘉措大师所做具体工作

为了如实叙述喜饶嘉措大师为拉萨版《甘珠尔》所做校勘工作，本文首先引用了大师的三卷本著作中提到的拉萨版《甘珠尔》校勘工作迹象的相关文字材料；其次，引用三大寺高僧口述史料中拉萨版《甘珠尔》"般若"部第五函中大师查漏补缺的史料内容；第三，引用相关高僧传记中关于大师校勘《甘珠尔》工作关键节点及特点的描述；第四，考证现已公开的记述档案文献所载大师在从事拉萨版《甘珠尔》校勘工作时获得的薪酬等。以这四点来佐证喜饶嘉措大师全程参与这项工程的真实情况。

（一）大师三卷本著作中的相关描述

大师三卷本著作中描述《甘珠尔》校勘工作的内容不多，但这些仅有的零星记载，对于大师为拉萨版《甘珠尔》所做工作却有不可替代的实证价值。例如，大师文集第二卷给察雅东岗活佛土登格勒嘉措的信中陈述近况时指出："对于佛法显密及典籍，辩才无碍的僧人（指喜饶嘉措本人），为供奉佛祖无边事业，极具不容小觑的大业而操劳呢。"（格桑嘉措，2018：38）从喜饶嘉措大师取得的佛学研习成果来看，他对校勘拉萨版《甘珠尔》充满了信心，也表达了这项文化工程的重要性，以及他对这项工

十三世达赖喇嘛土登嘉措（1876—1933）

作持有不可撼动的责任心。他进一步指出："正式校勘工作时，大师具备他人无可比拟的特殊优点，每天能够准确、清晰、快速地阅读两函，而且就像具备佛的通遍智慧，对于需要推敲校勘的内容也能即时完成。"（格桑嘉措，2018：626）1924年，他写给其老师贡唐罗哲嘉措的信中大赞十三世达赖喇嘛的丰功伟绩与崇高的道德风范，并进一步写道："《大藏经·甘珠尔》校勘刻印基本完成，有否刻印《丹珠尔》的想法，暂且不知情。"由此可知，在1920—1924这四年的时间里，《甘珠尔》校勘刻印工作基本完成，十三世达赖喇嘛对拉萨版《甘珠尔》倾注了极大的心血，功不可没，为此大师表现出对十三世达赖喇嘛的坚定信仰。另外，他在给自己的学生霍康索朗边巴的训言中提到，他从小至三大寺，学业登峰造极，受十三世达赖喇嘛的器重，留下了无可撼动的业绩。这里讲的"业绩"就是他在十三世达赖喇嘛的引荐下完成校勘拉萨版《甘珠尔》的功勋。

以上资料虽不能完全反映大师校勘拉萨版《甘珠尔》的详情，但基本能证明大师全程参与了校勘拉萨版《甘珠尔》的工作。

（二）对拉萨版《甘珠尔》"般若"第五函中"佛语"引用内容查漏补缺

布达拉宫高僧土登强巴[①]指出："三大寺前辈学僧提到，大师曾明确提出《现观庄严论》第四部分综述注疏中缺乏'佛语'引用，并从浩如烟海的古印度先贤典籍文献中摘录并应用到拉萨版《甘珠尔》中。"与此叙述相吻合的是，拉萨版《甘珠尔》目录中载有："般若观道综述中纳塘版所缺佛语引用部分，从103卷至130卷之间，计544页重新补录。"[②]显而易见，大师在从事新刻拉萨版《甘珠尔》校勘工作时，不拘泥于舆论和权威的限制，遵循客观事实，在认真核实纳塘版等老版本的基础上，以他博学和求真的精神，对原版本中存在的问题进行查漏补缺，并添加到拉萨版《甘珠尔》中。

（三）高僧传记中对喜饶嘉措大师校勘拉萨版《甘珠尔》工作的相关描述

《察雅东岗活佛土登格勒嘉措自传》中记载："木鼠年，《甘珠尔》校勘工作中虽配备专职领读人员，但是他们领读音调过于松弛，难以听到整体音节，向我提议协助，从续部四函开始逐一完成领读。"藏历木鼠年（1924），拉萨版《甘珠尔》校勘工作完成至续部，这一记录清楚地说明，此时拉萨版《甘珠尔》校勘工作已接近尾声，这也帮助我们从另一个侧面了解到《甘珠尔》校勘工作的艰难。《甘珠尔》续部内容主要为本尊佛菩萨修行仪轨及要义，内容多为藏语音译的梵文，且不提对内容的理解，仅仅是准确完整地阅读整段梵文，对具有一定佛学学识及功底的人而言也是有一定难度的。为了在有限的时间内多、快、好、省地完成拉萨版《甘珠尔》的校勘工作，大师从其身边熟悉的学僧中，迎请年轻的拉仁巴格西东岗活佛土登格勒嘉措协助其领读续部内容的校勘工作，

①土登强巴，现已84岁，布达拉宫高僧。曾在色拉寺多年修学五部大论，常年从事布达拉宫古籍文献的整理工作。
②拉萨版《甘珠尔·目录》简略，拉萨雪版木刻印，第3页阳面。

也是有可能的。

　　藏文典籍文献资深编辑成来先生①指出，大师曾对西藏地区《大藏经》之卓尼版《甘珠尔》、德格版《甘珠尔》的不同特点及准确程度进行点评：德格版《甘珠尔》虽然在文字上有错漏，但是整体内容基本准确；卓尼版《甘珠尔》语法用字具有特点，但在内容上尚需"扶正祛邪"。大师熟知各种版本《甘珠尔》的内容，足见其一丝不苟、负责到底的精神。

（四）档案文献中记载大师在拉萨版《甘珠尔》校勘工作时获得的薪酬

　　据现有公布的档案文献，自藏历第十五绕迥铁猴年（1920）喜饶嘉措大师开始校勘拉萨版《甘珠尔》以来，每一年的年底都会举行《甘珠尔》校勘刻印工作总结表彰仪式。当时的档案文献详细记载了《甘珠尔》校勘刻印工作中，上至管理人员下至一般书写人员每年获得的酬劳和工作人员变

喜饶嘉措大师在罗布林卡校勘拉萨版《甘珠尔》时的工作照

---

①成来，青海民族出版社资深编辑，参与《宗喀巴文集》《喜饶嘉措大师文集》等多部经典文献的出版工作。采访时间：2016年8月；地点：青海省西宁市宏觉寺。

换更迭的情况。据记载，大师从1920年起，每年年终都能领到一条上等的阿喜哈达和十五两银圆，直到《甘珠尔》校勘工作完成为止。最后一次记载是："火兔年（1927），根据达赖喇嘛旨意，上奏为答谢《甘珠尔》新版本制作竣工，管理、校勘、刻书等工作人员，即刻全天举行大规模的例定计划报告，其中为校勘者果芒龙本格西喜饶嘉措（喜饶嘉措大师）赏一条阿喜哈达和十二两银圆。"[①]显然，喜饶嘉措大师在这一年领到的银圆少了三两，和往年的十五两相比，恰能清楚地说明这一年校勘工作已结束。另外，喜饶嘉措大师的现存遗物中有一尊鎏金释迦牟尼佛像，据说是十三世达赖喇嘛对他完成拉萨版《甘珠尔》校勘工作的赏赐物，这也是佐证喜饶嘉措大师参与这项文化盛事的极具价值的实物。另外，松布堪布在回忆大师生平时讲道："大师校勘拉萨版《甘珠尔》时，日夜不停地工作，十多天不出工作室的门，甚至一两个月见不到一丝阳光是常有的事。"

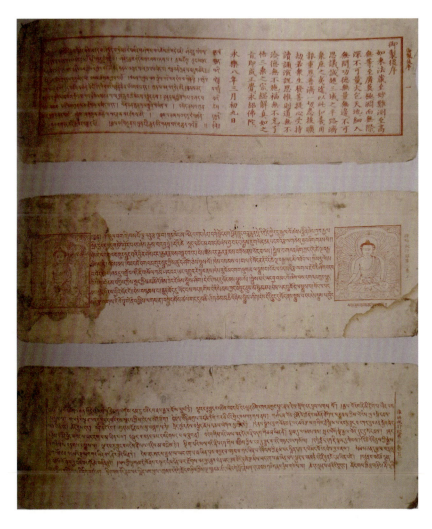

永乐版《甘珠尔》

根据以上史料，基本能够了解喜饶嘉措大师在校勘拉萨版《甘珠尔》工作中投入的精力、工作情形、所获薪酬等情况，以及拉萨版《甘珠尔》校勘工作关键节点、参照不同版本增补部分内容、查漏补缺的细节和工程竣工的时间等。这些史料能够充分证明喜饶嘉措大师全程参与编制拉萨版《甘珠尔》

①摘录自《西藏档案》2014年第16期，校勘竣工庆功计划书部分摘录自原始档案。

校勘工作的历史事实和做出的贡献。但是，拉萨版《甘珠尔》内容浩繁，篇目极多，现有的史料难以引证一百函《甘珠尔》的校勘过程，加之《甘珠尔》总集最后一函目录后尾没有喜饶嘉措大师参与或任总校勘的记录，另有一番蹊跷的叙述。因此，描述拉萨版《甘珠尔》校勘编制经过时，对于大师校勘功勋有所误解或错误的叙述就不足为奇了。笔者还将对这一错误的叙述或误解疑点做进一步的补充回应，以求达到正本清源的目的。

五、结论

从吐蕃王朝开始，随着佛教在西藏地区的发展和普及，吐蕃王臣、历代地方诸侯、地方土司等都主持迎请大译师和高僧在不同的历史时期编制不同版本和数目不一的《大藏经·甘珠尔》。随着佛教的深入发展，藏族群众对《大藏经·甘珠尔》的情感更加深厚，《大藏经·甘珠尔》在老百姓心目中的地位尤为重要。因此，十三世达赖喇嘛时期大规模、公开编刻了一部新的《大藏经·甘珠尔》，自然也就成为西藏地区僧俗百姓关注的焦点。这部新编刻的《大藏经·甘珠尔》发行后，各地寺庙的僧人及群众从四面八方赶来，想方设法购置这部新版《甘珠尔》，或供奉在寺庙中或供个人阅读。随着民间的这种社会文化效应，学术界也开始关注拉萨版《大藏经·甘珠尔》，记载拉萨版《大藏经·甘珠尔》的研究成果，同时，一些未做深入推敲研究的学者仅凭拉萨版《甘珠尔》后尾的蹊跷叙述，人云亦云，得出一些言过其实、不合真相的结论，尤其是编纂者名录中未附喜饶嘉措大师名号而断章取义，怀疑大师对校勘拉萨版《甘珠尔》的贡献，甚至质疑大师是否参与了校勘工作，历史的真相大有被谎言掩盖的趋势。

其实，拉萨版《甘珠尔》目录后尾中曾重笔记录，拉萨版《甘珠尔》校勘刻版工作过程中遇到了令人难以想象的困难而几乎夭折，在十三世达赖喇嘛圆寂后的 1934 年，他们以常人难以想象的勇气和毅力完成了这项工作，后尾记录了多名参与校勘编纂者的名字，唯独缺喜饶嘉措大师。拉萨版《甘珠尔》总函一百部，虽然在最后一部目录后尾如此记述成书经过的确有些过于草率和失真，这种说法与很多事实明显相悖。首先，《十三世达赖喇嘛传》中清楚地记载："十三世达赖喇嘛弘法之愿极具威力，诸施主无私解囊相助，前后中期所有工作人员工作有方，真情拥戴，一切有利因素相聚在七年有余时间内，顺利完成了这部一切众生暂时与终极无二的根本利益之本。"（普觉·土登强巴阿旺楚臣）这一叙述与传记中明确记载十三世达赖喇嘛健在时已经完成了这一大业不吻合，依据其后尾记述，他们对拉萨版《甘珠尔》的功绩明显超越了十三世达赖喇嘛不可撼动的弘法功勋，这显然是极其不真实的。其次，虽然目录后尾没有喜饶嘉措大师参与校勘的记述，但是，以上罗列的拉萨版《甘珠尔》校勘编刻相关的史料证明,喜饶嘉措大师全程参与这项工作的事实是不容否定的。

因此,综上所述,喜饶嘉措大师确实参与并完成了拉萨版《甘珠尔》的全部校勘工作,包括目录前部分的编写。至于中间及后尾追述缘由全部经历有待进一步考证,在尚未找到第一手确切文献资料之前,笔者不作任何断言。

参考文献:

东嘎·洛桑赤列,2002.东嘎藏学大辞典(藏文)[M].北京:中国藏学出版社:2409.

普觉·土登强巴·阿旺楚臣.十三世达赖喇嘛传记:下篇[M].拉萨雪木刻版:240—242.

普觉·土登强巴·阿旺楚臣,2010.十三世达赖喇嘛传[M].北京:中国藏文出版社.

松布堪布,我所了解的喜饶嘉措大师[M].青海省政协文史资料委员会:197.

布达拉宫馆藏古籍文献明清丝织品函头标签略论

边巴琼达

摘　要： 布达拉宫馆藏的古籍文献装饰品种类繁多，具有鲜明的民族特色。尤其明清两朝珍贵的古籍文献函头标签采用了不同质地、种类、纹样的丝织品来制作，中原丝织品在西藏古籍文献的装帧中发挥了特殊的作用。本文针对古籍文献函头标签的特点，对布达拉宫馆藏明清丝织品函头标签进行初步的探究。

关键词： 布达拉宫古籍文献；明清丝织品；函头标签

中国是世界上最早饲养家蚕和织造丝绸的国家，纺织历史悠久，可追溯至7000多年前。中国丝织品在漫长的历史发展进程中形成了独特的文化内涵，被称为中国古代三大名锦的蜀锦、宋锦、云锦在中国丝织品文化发展道路上成为优秀的代表，在世界上享有很高的声誉。随着历史的发展，丝织品在服饰、经济、艺术及文化上散发着独特的魅力，尤其在西藏古籍文献的装帧的运用中有着特殊的作用。

一、布达拉宫馆藏古籍文献介绍

藏族文化源远流长，能够充分体现藏族传统文化的文献典籍更是卷帙浩繁、汗牛充栋。公元8世纪，藏传佛教在吐蕃王朝赞普赤松德赞父子的大力支持下，得到广泛传播和迅速发展，将外来佛经翻译成藏文蔚然成风。西藏山南地区著名的桑耶寺建立了首座译经院，西藏本土、中原地区和印

青黄地缠枝莲纹织金缎函头标签

度的学者在此聚集，将大量来自中原地区和印度的汉文、梵文佛教经典翻译成藏文，从而形成了在西藏早期的藏文典籍中佛教文献译本占多数的局面。其中，来自印度的贝叶经独树一帜。

公元 8、9 世纪，藏传佛教进入鼎盛的前弘期，梵文、汉文佛教经典的勘校和翻译工作更是得到了长足发展。来自西藏各地乃至中原地区和印度的众多译师对桑耶钦浦寺、旁塘寺和丹嘎寺收藏的佛经进行了大规模的整理、翻译和编纂，形成了藏族文化史上著名的三大目录《钦浦目录》《旁唐目录》《丹嘎目录》。这三大目录基本上形成了藏传佛教的大百科全书——藏文《大藏经》的主要内容。14 世纪，藏文《大藏经》正式汇编成集，它总分为《甘珠尔》《丹珠尔》两大部类。《甘

珠尔》又名"佛语部"，也称"正藏"，收入律、经和密咒三个部分；《丹珠尔》又名"注疏部"，也称"续藏"，收入赞颂、经释和咒释三个部分。后来西藏地区产生了《大藏经》、文献目录、大师文集、各寺寺志、人物传记、藏医药典籍、文历算书，以及敦煌文献、石刻文、钟铭文、摩崖石刻等各类文献。目前，在全国范围内发现有这些内容丰富的藏文古籍文献多种木板雕版。其中，著名的印刷版本有《甘珠尔》《丹珠尔》的德格版、纳塘版、北京版、永乐版，尤以德格版内容完好并被视为范本。著名的印经院有布达拉宫东、西印经院，安多卓尼印经院，定日纳让印经院等。

公元 9 世纪后期，吐蕃王朝崩溃，西藏进入分治割据的局面。伴随各个地方权力集团的兴起，藏传佛教也相继产生了多个教派。各教派为了扩大自己的影响，发展各自的势力，将喇嘛的生平撰写成书加以传扬，从而涌现出一批高僧大德的传记。其中著称于世的有《松赞干布遗训》《西藏王统记》《贤者喜宴》《阿底峡尊者传》《米拉日巴传》《玛尔巴传》《布顿大师传》《宗喀巴传》《五世达赖喇嘛传》《巴协》《萨迦世系史》《布顿佛教史》《青史》，等等。

布达拉宫经书库和殿堂内珍藏着 60000 余部藏、汉、满、蒙、梵文的古籍文献，内容可归纳为律藏、经论、俱舍、般若、中观、释量等三藏经典。除了记载各种密宗经部和佛本生传记，还有苯教仪轨、梵藏语文法、医药学、戏剧、修辞、诗歌、颂词、各类志书、书信集、杂文等。在版本上，除了明永乐朱砂版《甘珠尔》，还有用金、银、松石等八种珍宝汁书写的经书。除了有年代久远的

梵、满、蒙、巴利、乌尔多文等手抄本，还有明清时期中央政府宫廷御制的典籍和西藏各大印经院印刷的上乘典籍。尤为难得的是，还珍藏着公元 3 世纪以来的贝叶经 460 多部（近 3000 叶）。这些贝叶经绝大多数为梵文写本，字体多达十余种，形

三层叠加式函头标签

式各异，插画精美，内容包括佛教经籍、吠陀经籍、医药学、哲学、天文学、语音学、逻辑学、宗教学、艺术、律法、卦辞等罕见文献。其中，佛教经典最多，为佛教历史文化的研究提供了重要的参考资料，也是我国珍贵文化遗产的重要组成部分。布达拉宫馆藏古籍文献数量庞大、内容丰富，多见孤本、善本、珍本，具有极高的文物价值。

二、布达拉宫馆藏古籍文献函头标签的特点和作用

作为世界文化遗产地的布达拉宫珍藏着大量珍贵的丝织品，馆藏和宫殿内装置的丝织品多达8000 余件，多以清代宫廷用品见优，有匹料、佛衣、法器垫料、天棚、帷幔、经被、图轴、飘带、围裙、云肩、肩帔、袈裟、法衣、僧裙、披单、披领、甲胄、僧靴、斗篷、碗套、包袱、恰鲁（盛水瓶）、椅垫、靠背、柱套、藏香袋、哈达等各类实用品，也有绣画、屏风、壁挂等观赏品。其中，明清两代古籍文献的丝织品函头标签尤为独特，富含丝绸特有的文化韵味，几乎囊括了明清两朝所有品种，成为研究明清丝绸的珍贵实物资料。

（一）函头标签的定义

函头标签藏语称作"董杂"。"董"译为"面"，即页面；"杂"译为"缀垂"，即垂落装饰物。它是西藏地区各类文献特有的一种标签，是经书、文献部函开头的重要标记，为经书整函前后顺序

黄地刺绣藏文（《八千颂》）函头标签

八达晕锦函头标签

的一种说明牌和文献目录。函头标签形制常见的有方型叠加式，也有单层、二层、三层、四层、五层等，其中以三层和五层叠加的较为常见，并通过藏文标记来体现本函文献的目录或文献主要内容摘记，以便查找阅读。馆藏内多见的缎、绸、罗、纱、锦、绫和刺绣等丝织品函头标签，在早期文献中未见有这种形制，应为后期制成的，其图案题材、组织形式、表现方法和色彩极为丰富，寓意深厚。

（二）函头标签的种类

明代是中国丝绸制品向高精化发展的重要历史时期。自宋元以来，棉花种植业逐渐在全国普及，棉布成为制作一般服饰的主要材料。丝绸在继承古代传统技艺的基础上进一步融合了西域织金锦工艺纹，在纱、罗、缎等织物中织入一二十种彩色绒丝和捻金线、片金线、孔雀羽线等珍贵材料，织成整件的衣袍、佛像、书画挂轴等丝绸珍品，是明代丝绸生产的重要特征。清代全盘继承了明朝丝绸生产的传统，在康熙、雍正、乾隆三朝最为繁盛，朝廷冠服及室内陈设品、重锦佛画、唐卡、装饰书画等均由内务府、如意馆画师设计，江南三织造进行生产。同时也出现了苏、粤、蜀、湘四大名绣，其纹样继承了明代传统，造型则趋秀雅细致，极具柔美感。布达拉宫馆藏古籍文献函头标签上的丝织品种类、纹样、颜色基本涵盖了明清两朝丝织品的种类，凸显了清代丝绸风格，也反映了明清时期西藏丝织品的特点。

目前，笔者所能见到的布达拉宫馆藏明清两朝函头标签多以缎类和多彩锦类为主。明朝时期，丝织品主要根据原料的经纬配置、组织结构变化为品种定名。明代缎类品种在《天水冰山录》中有素缎、暗花缎、闪色缎、金缎、遍地金缎、妆花缎、织金妆花缎、妆花遍地金缎、云缎、补缎等记载，一般以五枚缎为多见。到了清初，为了使缎面更加光亮、滑润、柔软、细腻，在组织结构上，八枚缎成为最流行的品种。同时，由于经丝的捻度减少，细度变细，密度提高，采取了经细而密、纬粗而稀的配置方法。布达拉宫收藏的函头标签以清代暗花缎、织金缎、妆花缎、织金妆花缎最常见。绸均以斜纹做地组织，清卫杰在《蚕桑萃编》一书中所列绸类名目，就有宁绸、宫绸、纺绸、鲁山绸、曲绸、汴绸、里绸、挠阳绸、遵义府绸、水绸、双丝绸、大小单丝绸、神绸等，馆藏函头标签中清代的织金绸也有出现。明代轻锦质地薄软，重锦可谓明代宋式锦中最贵重的品种，馆藏函头标签略见有明代重锦、细锦、蜀锦，清代匣锦（小锦）、蜀锦、云锦等。其中也有少数刺绣、堆绣等品种。未见明清的绒类、绫、绮、缂丝等品种。

红地云龙纹妆花缎函头标签

（三）函头标签的纹样

明代丝绸织造风格较粗犷，纹样造型粗放，色彩浓重，退晕色阶距离大，有壮美之感；清代丝绸纹样几乎全盘继承了明代丝绸纹样的传统，但工艺精细，纹样造型较柔细，色彩淡雅，退晕色阶距离小，

蓝色几何纹织金缎函头标签

清代红色团龙杂宝纹暗花缎函头标签

有柔丽之感。明代龙纹壮实威严，龙发向上集聚飘起而不是向两旁飘飞，龙眉尖锐，龙爪呈轮状排列，爪尖如鹰爪，十分有力。在明初，龙头短而大，龙口紧闭，至明万历后期才有开口龙，龙嘴开始加长。清代的函头标签中龙纹很常见，也有体现吉祥的花果纹、缠枝莲纹、三多纹、盘长纹和八宝吉祥纹。也有团凤、团龙、鹤、孔雀、蝙蝠、麒麟、凤凰、鸟兽等动物纹样；也有牡丹、茶花、芙蓉、菊花、梅花、宝相花、蔓草、灵芝等植物纹样；也有体现自然气象的如意云纹、连云纹、四合如意云纹以及灯笼纹、几何纹、曲水纹、杂宝纹、藏文纹等。其颜色以明黄、红、蓝、绿、棕、石青、月白等大色系见长。

（四）函头标签的特点与作用

在中原地区的文献装帧中未有函头标签之说，这种独特的形制只在西藏的古籍文献中有发现。这种函头标签可能是由历朝历代中央政府赏赐给西藏地方政权上层人物的礼品或内地与西藏民间贸易往来的匹料、成料、织成料的剩余部分或者专用匹料就地取材制作，而非定制织成，用方形片页叠加形制的丝织品来标注文献的开头和目录，可以起到特殊标识和装饰的作用。

然而，追溯函头标签的历史演变，学界研究成果不多。从这种独特的函头标签所用丝织品来看，应与丝织品织造相对成熟、明清时期治藏举措稳步发展和中央与西藏频繁往来密切相关。明清两朝，民间贸易繁荣，内地丝织品大量流入西藏商品交易市场，同时，与西藏佛教文化兴盛大量刊印《大藏经》也有关系。据记载，在明正统至万历年间（1436—1619）曾九次刊印《大藏经》，皆将当时内库所藏丝绸剪开后作为这部佛经的封面和经匣裱封，送至全国各大寺院收藏，其中许多至今仍然保存完好。函头标签正好借鉴了这种方式，用专用匹料制作。这种独特的目录标签装饰方法与文献本身内容没有关系，尤其是叠加层数和丝绸种类与文献内容没有直接的关系，只是形成了文献内容的统一。函头标签运用的页面数、目录形制与丝绸品种统一，便于更好地翻阅《甘珠尔》《丹珠尔》等经书。从古印度传入我国西藏的各类文献中没有丝织品制成的函头标签，而是在经夹板边缘处用黄铜、木质等雕刻佛像、藏文字母来体现标签目录。布达拉宫现有馆藏的函头标签大多是西藏地区的大智贤者为了方便翻阅经书而用丝织品制作"董杂"，并用藏文字母标识文献摘要的一种目录方式，属于后期装帧，与文献本身的形成时间没有关系。

清代民间丝织业发达，丝绸贸易繁荣，缎织物成为绸布市场的重要商品，也是高原丝绸之路商贸往来最普遍的商品之一。随着历史发展，高原丝绸之路促进了西藏与周边地区的文化融合，丰富了高原人们的精神文化生活，函头标签以独特的形制来表现文献的目录，表现了制作者对古籍文献的敬仰和珍视，也凸显了中原丝织品在西藏文献经典装帧中的独特作用，是明清两朝治藏举措逐步完善、赏贡频繁的结果，也是明清两朝古籍文献翻译、著书繁荣发展的历史见证，更是中原丝织品在西藏地区广泛使用的有力证明。

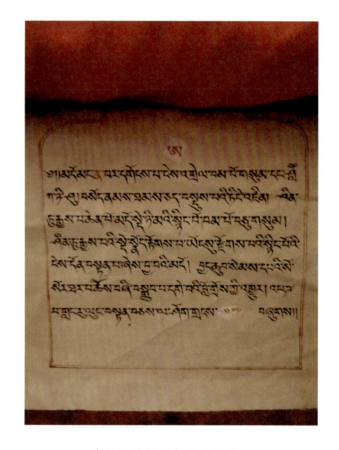

藏文目录摘记式函头标签

三、结语

从唐朝画家阎立本的《步辇图》中我们可以看见吐蕃使节禄东赞身着饰有联珠立鸟纹的圆领长袍。这类长袍一般都是贡品，它们由成都织锦工人织造，专供朝廷作赏赐之物。有些学者根据长袍上的图案特征认定它是"典型萨珊风格的胡锦"，这说明内地丝绸传入西藏高原有着悠久的历史。青海省都兰县热水乡发掘的唐代吐蕃墓葬出土的丝绸残片包括锦、绫、罗、缂丝、平纹类织物，几乎涵盖了所有目前已知的唐代丝织品种，它们诉说着高原丝绸之路繁荣的文化交流。虽然吐蕃人由于气候、人文等因素始终没有学会种桑养蚕和缫丝织绸的技术，但西藏的毛纺织品技术与丝绸制作工艺有许多相似之处，吐蕃大量的丝织品应当是由唐朝中央政府赏赐和通过贸易或者战争获得的。美国芝加哥普利兹克收藏的吐蕃时期"联珠纹对鸭纹幼儿锦袍及靴子""带金饰织锦漆木马鞍""团窠对鹿纹挂锦"具有明显的唐代丝绸风格。有学者曾认为，它们可能是由粟特流传至吐蕃的，其纹饰图案属于当时"丝绸之路"沿线流行的联珠团窠纹，反映了那个时代人们的审美情趣和流行风尚。公元 7 世纪初，西藏建立起唐代地方性政权——吐蕃王朝，它不断地吸取周边民族，特别是中原地区的文化精华，逐步形成了吐蕃文明，成为中华文化体系颇具特色的代表。随着吐蕃王朝的不断扩张，公元 8 世纪下半叶，吐蕃王朝一度成为当时亚洲腹地与大唐王朝、阿拉伯帝国三足鼎立的强大势力。青藏高原与外界的联系得到了全面加强，形成了与祖国内地和中亚、南亚等国家和地区相互连接的国际性通道，这些主干道和大大小小的交通支线组成了吐蕃向西、向东、向南的交通要道，它们相互交织，构成了巨大的交通网络，出现了"高原丝绸之路"。这条丝路使青藏高原的经济、文化交流日益紧密，西藏地区不断地吸收来自大唐、尼婆罗（今尼泊尔）和印度的佛教文化与艺术，又从大唐、波斯、粟特等地引进金银器、珠宝装饰品的制作工艺，还从大唐和中亚、西亚地区获取了各类丝、锦织物，极大地丰富了青藏高原的社会文化。虽然目前我们还未发现吐蕃时期或者更早时期的古籍文献中使用丝绸来做函头标签，但是吐蕃丝绸文化的迹象无疑印证了藏族人民使用丝绸历史之久远。

纵观历史，丝织品作为"高原丝绸之路"频繁交流的载体，扮演着中原与高原之间的文化使者，演绎着特殊的历史使命，成为高原政治、文化活动的重要内容，为后来发展青藏高原的政治生态、文化、宗教产生了深远的影响。函头标签这样一个特殊形制的丝织品，以它独特的质地、种类、设色、纹样，成为西藏古籍文献独有的目录和装饰。

参考文献：

黄能馥，陈娟娟，2002. 中国丝绸科技艺术七千年——历代织乡珍品研究［M］. 北京：中国纺织出版社.

霍巍. 吐蕃王朝的遗宝与"高原丝绸之路"［EB/OL］(2019-07-12)［2021-01-22］. http://collession.sina.com. cn/exhibit/z/xx/2019-07-12/doc-ihytcitm1446472.shtml.

李雨来，李玉芬，2013. 明清织物［M］. 上海：东华大学出版社.

赵丰，1992. 丝绸艺术史［M］. 杭州：浙江美术学院出版社.

简述布达拉宫馆藏藏文永乐版《甘珠尔》装帧特点

刚索南草

摘　要：藏文《大藏经》永乐版《甘珠尔》，从纸张、书体到丝织品函头标签、护经板，都是迄今存量极少的文物精品。本文简要介绍布达拉宫馆藏藏文永乐版《甘珠尔》函头标签及护经板上个别图案纹饰的特点。

关键词：永乐版《甘珠尔》；函头标签；护经板；护经布

　　明朝建立以后，继续将西藏纳入中央政府的治理之下。明太祖朱元璋遣官入藏，招抚西藏宗教上层人士；制定了"多封众建，尚用僧徒"的治藏方略，分封藏传佛教各教派领袖和西藏地区各大小头目；设立朝贡制度，在汉藏交界地区设立茶马互市，以促进西藏和祖国内地之间的物资流通。这些政策、措施对汉藏文化的交流起到了积极的促进作用，同时汉藏工艺美术的交流也得到了加强。明代初期崇奉佛教，以皇帝为首的统治阶层更是带头扶持佛教，在全国各地兴建和重修寺庙，大量供养剃度僧人，赐予土地，免除寺院的田赋和徭役等，崇佛拜佛的佛事活动成为人们生活的一部分。特别是在编纂刊造完《大藏经》后将它颁赐天下寺院，使之成为弘扬佛教的重要活动之一。

　　对古代丝织品进行研究，图案是一个不可或缺的研究内容。对图案的研究一般涉及题材、表现方法和色彩。本文主要概述了布达拉宫馆藏藏文《大藏经》永乐版《甘珠尔》（以下简称永乐版《甘珠尔》）的由来、装帧形式及特点，主要分析了函头标签上的四合如意纹、宝相花纹，护经板上的缠枝莲托吉祥八宝纹等纹饰。就表现方法和色彩而言，馆藏永乐版《甘珠尔》主要涉及题材类型、纹样造型、不同纹样之间的组合和题材的寓意。

一、永乐版《甘珠尔》的由来

西藏现存两部永乐版《甘珠尔》，一部藏于色拉寺，一部藏于布达拉宫。布达拉宫馆藏永乐版《甘珠尔》共 108 函，残缺 1300 多页。2003 年，借色拉寺修复寺藏大明永乐皇帝赐给大慈法王释迦益西永乐版《甘珠尔》的机会，布达拉宫与色拉寺联合对两个单位所藏版本《甘珠尔》进行修复。2003 年 3 月，洞波·图登坚赞先生与布达拉宫灯香师衮确丹达一起对两家收藏单位的永乐版《甘珠尔》进行比对，找出损坏、残缺之处，再以布达拉宫馆藏永乐版《甘珠尔》为母版进行核对。从律部开始，对每页残缺的内容进行了详尽的标记和补充，并召集多名精通藏文书法的灯香师将原文残缺内容一一抄写并校订。至此，布达拉宫和色拉寺珍藏的永乐版《甘珠尔》的修复补充工作圆满完成。

据《太宗实录》卷一七载："永乐元年（1403）二月乙丑，遣司礼监少监侯显赍书、币往乌思藏征尚师哈立麻[1]，盖上在藩邸时素闻其道行卓异，至是遣人征之。"（中国藏学研究中心等，1994:94）永乐元年明成祖遣使赴乌思藏邀请噶玛巴五世活佛得银协巴。"永乐四年（1406）十二月乙（己）酉，尚师哈立麻至京入见，上御奉天殿。""永乐四年（1406）十二月庚戌，宴尚师哈立麻于华盖殿，赐金百两、银千两、钞二万贯、彩币四十五表里及法器、个（茵）褥、鞍马、香果、米、茶等物，并赐其徒众白金、彩币等物有差。"（中国藏学研究中心等，1994:96,98）永乐元年至永乐四年（1403—1406），噶玛巴至南京朝觐，明成祖永乐皇帝赐宴及金银等物。"永乐五年（1407）三月丁巳，封尚师哈立麻为万行具足十方最胜圆觉妙智慧善普应佑国演教如来大宝法王西天大善自在佛，领天下释教，赐印诰及金、银、钞、彩币、织金珠袈裟、金银器皿、鞍马。"（中国藏学研究中心等，1994:96,98）永乐五年（1407）明成祖给予噶玛巴五世活佛得银协巴最高礼遇，封他为"大宝法王"。"永乐六年（1408）四月庚子，如来太（大）宝法王哈立麻辞归。赐白金、彩币、佛像等物，仍遣中官护送。"（中国藏学研究中心等，1994:96,98）噶玛巴法王于永乐六年（1408）辞归乌思藏。

永乐八年（1410）明成祖为去世的皇后徐氏追荐冥福，下诏"遣使藏地访求经典，取其经藏全部翻刻。以资为荐扬之典"。明成祖派遣官员专程赴乌思藏取藏文《大藏经·甘珠尔》。在南京灵谷寺制成印版模并换序文，印刷后送往西藏地区。永乐版《大藏经》《大明皇帝御制经赞》《御制

---

[1]尚师哈立麻是指噶玛巴五世活佛得银协巴。

后序》中的落印是"永乐八年三月初九日"，可以看出这部《大藏经》是在永乐八年刊刻印刷的。

永乐版《甘珠尔》刊印完成之后，陆续赠给西藏前来朝贡的各个重要僧俗首领，据《太宗实录》记载："永乐十二年（1414）正月壬午，正觉大乘法王昆泽思巴陛辞，赐图书及佛象（像）、佛经、法器、衣服、文绮、鞍马、金银器皿等物命中官护送。""永乐十四年（1416）五月辛丑，妙觉圆通慧慈辅（普）应大辅国显教灌顶弘善西天佛子大国师释迦地（也）失辞归。御制赞皇赐之，并赐佛像、佛经、法器、衣服、文绮、金银器皿。"（中国藏学研究中心等，1994）以上记载中的赏赐"佛经"很可能是永乐八年（1410）刊印的藏文永乐版《甘珠尔》。萨迦寺之前收藏的永乐版《甘珠尔》是明成祖赏赐给大乘法王昆泽思巴的。色拉寺现存版本就是色拉寺的创建者释迦也失于永乐十四年（1416）从南京带回来的。布达拉宫馆藏永乐版《甘珠尔》的来源有待考证。

二、永乐版《甘珠尔》的装帧形式

布达拉宫馆藏永乐版《甘珠尔》共108函，为藏式传统装帧样式梵夹装。护经板是朱漆戗金工艺，内含经书藏汉双语目录。每函经书都有扉页画像，全文朱砂印刷。经文纸面长69.5厘米，宽24.3厘米，双面印刷。经文纸面左端横印藏文经书函目录、页码，藏文经书函目录以藏文字母排序。经文纸面右端竖印汉文经书函目录及页码，汉文经书目录以汉文数字排序，这也是永乐版《甘珠尔》的特点之一。同时，在卷首印有汉藏文对照的"永乐八年三月初九日题写《大明皇帝御制经赞》"和卷尾印有藏汉对照《御制后序》，个别经函缺失经赞和后序。

（一）函头标签、护经布

布达拉宫馆藏的永乐版《甘珠尔》有原配函头标签24个，新配函头标签9种。这套藏文《甘珠尔》每一函经书无护经布，有函头标签，近三分之一的函头标签保持原状。这套《甘珠尔》的原配函头标签是在明代裁剪缝制而成的，并非特织。为了保护原配标签及配齐缺失的函头标签，每一函经书都后配了新的函头标签。

1. 函头标签

永乐版《甘珠尔》原配函头标签粘贴在首页上，共四层。下面一层要比上一层大一点，第一层是红色宝相莲纹织金妆花缎，第二层是明黄色地织金缎，片金勾勒纹样；第三层是石青色地四合如意云纹暗花缎；第四层是白色纱布，上面用黑色乌坚体撰写了函数及函数名称。这套经书每一函护经板内都刻有这函经书藏汉文对照的章节目录，而函头标签的第四层上撰写的字体不工整，不是严谨的宫廷作法，由此可以看出是后来书写上去的。

原配函头标签

新配函头标签

新配的函头标签有九种，这里列举两种：第一种的第一层是方格纹天华锦，第二层是红色底云龙纹织金缎，第三层是蓝色底织金缎，这三层统一使用黄色棉布内衬，第四层是白色棉布，上面用黑色乌坚体撰写了函数及函数名称；第二种的第一层是红色织金锦加黄色捻线沿边，第二层是黄色织金锦加红色捻线沿边，第三层是深蓝色暗花缎加黄色捻线沿边，第四层是白色棉布。其中一函经书的函头标签的第一层红色暗花缎上织有一朵彩色灵芝纹，其余三层是原配函头标签。

2. 护经布

永乐版《甘珠尔》原配函头标签粘贴在首页上，可以看出这套经书原装是无护经布的，现有护经布是新配的。护经布是明黄色"万"（卐）字曲水纹暗花缎，正方形（107cm×107cm），一角叠加有小块金宝地，附有长带用于捆绑经书。护经布是五枚二飞的暗花缎，经线弱捻，纬线无捻，纬线双股并用；地组织是五枚二飞经面缎；纹组织是五枚二飞纬面缎，纹样为"万"字曲水纹。

"万"（卐）字纹："卐"是梵文"Srivatsa"，意思是"吉祥之所集"；藏语为"གཡུང་དྲུང་"，寓意为"坚固""永恒不变"。另一种寓意为"卐"相，象征坚固不摧、永恒常在。苯教中"卍"字，也作为名次。"万"（卐）字纹于东汉末年随佛教传入中国。唐武则天大周长寿二年（693年），定此字读作"万"。唐宋以来，"卐"字除了佛教使用，还成为一种具有祥瑞意义的图案元素。明代也继承了这一装饰传统。这部经书的护经布是统一的，图案为"卐"字纹和曲水纹相结合。

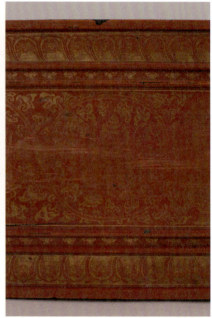

护经板局部

（二）护经板

永乐版《甘珠尔》每函上、下夹皆为本质护经板，漆器戗金工艺，图案精美、制作精细。

护经板凹凸不平，很有层次感，最边上一圈是莲瓣，莲梗从左右两侧展开，最后在尖部形成莲花柱头，并向中心延伸，最后形成三叶拱，莲瓣根部有少许描绘，两个叶瓣之间有一个突出的花瓣尖。边沿最中间的莲瓣直立，左右两边的莲瓣向花蕊靠拢。这个纹样中凹进去的小缝隙间也绘有小花朵。在上、下护经板正中绘有缠枝莲托吉祥八宝纹，上护经板从左到右依次是宝伞、右旋海螺、宝瓶，叠加了珠宝、莲花、吉祥结，下护经板正中纹饰从左到右依次是金轮、胜幢、宝瓶，叠加了珠宝、金鱼等。

每函护经板内雕刻有藏汉对照的章节目录，左边横着书写了藏文目录，开头为说明经书名及第几卷，以藏文字母排序。右边竖着撰写了汉文章节目录，第一行竖着书写了这函经书书名及第几卷，个别汉字为繁体字。这些内容都框在一个有莲瓣上面塔门（རྟ་འགྱིར）的形状内，属于一种背龛的形式，出于对内容或者题目的尊崇设置了一个类似于佛背光的龛形装置。

护经板

三、永乐版《甘珠尔》的装帧特点

永乐版《甘珠尔》的装帧艺术具有极高的水准，装帧材料十分珍贵，体现了明代宫廷书籍装帧艺术的风格，也反映了部分工艺品种的独特面貌。

（一）图案

在书籍装帧研究中，图案依然是一个不可忽视的研究内容。图案的研究一般涉及题材、组织形式和色彩。馆藏永乐版《甘珠尔》的装帧可从题材的类型、纹样的造型、不同纹样之间的组合和题材的寓意等方面入手。

1. 缠枝莲花纹

莲花纹是这部经书护经板上的一个重要装饰，护经板上的莲托吉祥八宝纹具有"莲台上宝"的寓意。莲花又称荷花，并不生长在西藏地区，藏族艺术中只有它艺术化的形式。《诗经·泽陂》云："彼泽之陂，有蒲与荷。"随着佛教传入中国，莲花是纯洁清净的象征，代表"净土"。唐代以后，莲花纹除作为佛教装饰题材，还具有其他含义。如南宋时期的莲花纹多与童子相配，表现中国传统的子嗣观念。明清时期，莲花纹与其他纹样组合，是人们祈盼吉祥心愿的表达。

这部经书护经板上的缠枝莲花纹具有典型的明代特征：缠枝莲花中的枝叶是在主题纹样布局后，再用线勾勒，错落有致。缠枝莲托吉祥八宝纹主茎线作为结构线，把每朵莲花连缀起来，突出了主茎线对花头的缠绕。用线条沿着莲托吉祥八宝的轮廓线织出缠枝及茎叶，由莲花底部中间引出莲茎按照顺时针方向缠绕在莲托八宝纹周围。以长短线条继续织出缠枝的茎叶，加重枝叶颜色比较深的地方，按照叶子的纹理线，继续织出枝叶的暗部，体现出枝叶的厚度。枝叶的前部分描绘得较为细致，后面的部分则描绘得小巧简明，疏密有致，具有层次感。

这个护经板的缠枝纹与布达拉宫馆藏明代织金妆花缎喜金刚唐卡的形式是一致的。护经板上最边缘一圈的莲瓣，是艺术化了的莲梗从左右两侧展开，在尖部形成莲花柱头，并向中心延伸，最后形成三叶拱，两个叶瓣之间有一个突出的叶瓣尖。这个描绘工艺与布达拉宫馆藏明永乐织金锦独雄大威德金刚唐卡的莲瓣底座艺术风格是一致的。从同一时期的佛像莲瓣底座也可以看出，比如馆藏明永乐鎏金铜文殊菩萨像的莲瓣底座及馆藏明永乐鎏金铜圣观音坐像的莲瓣底座，明永乐年间无论是护经板、唐卡、佛像中的莲瓣都具有一个共同的特点：莲梗从左右两侧展开，最后在尖部形成莲花柱头，并向中心延伸，最后形成三叶拱。这些都是明代宫廷工艺。

2. 宝相花纹

原配函头标签第一层是橘黄色宝相莲纹织金妆花缎。宝相花纹与其他花卉纹样有所不同，宝相花不是真实存在的一种植物，其纹样是以牡丹、莲花为主体虚拟出来的吉祥图案。佛家称庄严的佛相为宝相，以之为花名，足见此花的尊贵以及人们对它的喜爱。（杨玲，2013）宝相花的花瓣多为勾卷状，花瓣层次较多。这里的宝相花纹外层为莲瓣变形的勾卷状，用白色丝线勾边，红地绿花是典型的明代主流配色方式。函头标签的宝相花纹与布达拉宫馆藏明永乐织金锦独雄大威德金刚唐卡边沿四周的织金宝相莲纹中勾卷的艺术风格是一致的，与北京艺术博物馆收藏的明代墨绿地缠枝宝相花两色罗中的宝相花为莲花变形的描绘方式是一致的。

藏文永乐版《甘珠尔》

3. 云纹

云纹，寓意祥瑞之云气，表达了人们对吉祥、美好的向往。云纹造型独特，婉转优美，作为我国传统吉祥图案的代表，它同龙纹一样，都是具有独特代表性的中国文化符号，不仅具有深厚的文化内涵和丰富的象征意义，而且是最具生命力的艺术形式之一。

函头标签第三层是石青色地四合如意云纹暗花缎。四合如意云纹的造型为四合如意形云头，上下左右共四条云脚，云头通过其中的两条云脚彼此串联，形成波状连续，使得纹样富有韵律和节奏感。

（二）朱漆戗金工艺

这部《甘珠尔》护经板中的图案运用了明代宫廷朱漆戗金工艺，这种工艺在当时被广泛使用。现藏于西藏博物馆的明代磁青纸泥金书《吉祥无量寿佛好事经部》采用梵夹装，上下有涂染成红色（红色染）的象牙雕护经板。书页图文并茂，其中一书页绘环绕汉藏文字的缠枝莲托吉祥八宝纹。由书页叠放形成的边墙四面彩绘，其中一面用汉藏文写有"吉祥无量寿佛好事经部"的字样，文字下方及两侧绘有缠枝莲托吉祥八宝纹。根据这部梵夹装佛经的装潢用料和工艺可以推断它来自明代宫廷。北京故宫博物院也收藏有与之装潢形式、用料十分相似的带有"大明成化年制"款识的《各佛施食好事经》，二者所采用的红色染象牙雕护经板的雕刻风格如出一辙。以上几部经书都使用了朱漆戗金工艺,图案是缠枝莲托吉祥八宝纹,工艺独特而精美,反映出明代朱漆戗金工艺的精湛水平。

藏文文献中也有关于护经板颜色的描述,如德格版《萨迦文集》中记载:"护经板表面颜色明亮、呈金色光泽,犹如佛祖红光满面地向弟子说法之容颜;经板内侧设舌红色,象征着佛祖向众弟子讲授佛法的言语。"[①]从这里可以看出,受佛教文化的影响每种颜色都有其寓意,护经板着色是遵循了既定的传统。布达拉宫馆藏永乐版《甘珠尔》的护经板为涂染成红色的象牙,就是遵循了藏文古籍传统的装帧方法,也顺应了藏传佛教的传统做法。

综上所述,这套《甘珠尔》从函头标签到护经板均是原装,护经板的朱漆戗金工艺和缠枝莲花纹的描绘,以及每层函头标签的纹样都显示出了浓郁的明代艺术风格。其装帧形式基本保持了藏传佛教佛经装帧的特色,其所用的材料和装饰的艺术手法则融入了内地艺术的成分,如前面提到的原配函头标签的丝织品纹样宝相花纹及四合如意云纹,护经板上运用朱漆戗金工艺制作的缠枝莲托吉祥八宝纹等。

四、永乐版《甘珠尔》的装帧价值

孙从添在《藏书纪要》第五则"装订"中说:"装订书籍,不在华美饰观而要护帙有道。"叶德辉在《藏书十约》第三则"装潢"中也强调:"装订不在华丽,但取坚致整齐。"由此可知,装帧的第一要义是保护书籍。藏文古籍文献中的佛经、佛塔灵塔目录等,其装订之法源远流长,其装帧形态丰富,类别繁复,有梵夹装、经折、蝴蝶装等,皆有保护书籍的功用。

(一)装帧的文物价值

有关藏文古籍文献装帧的史料十分有限,人们对此方面的研究主要依靠现存的古籍文献记载和传世之物。护经布、函头标签、护经板等都是永乐版《甘珠尔》的装帧材料,装帧之美即反映了其价值。这套古籍文献的原配函头标签及护经板是典型的明代文物。此外,永乐版《甘珠尔》扉页画像是先在经板上雕刻佛像,然后印刷而成。由此,明代宫廷印刷的《甘珠尔》又多增加了一重文物价值。

(二)装帧的艺术价值

装帧是一门独特的艺术,它从属于书籍,并受书籍内容的制约。没有书籍,就没有装帧,更谈

---

① 引自德格版《萨迦文集》第四函第308页: ༣སྐྱེའི་བཀའ་འཇུག་ཁམས་ཏེ་དགི་ཟུར་མའི་ཐོད་ལའི་ཐིག་གཏང་ཤ༠དུ། "བདི་བར་གཤེགས་པའི་གཟུང་རབ་འཕུར་ཏོ་ཚོམ་བཞིས་པའི་གསུང་གི་ཐིག་སྔོན་གྱི་རྒྱན་ཉོ་མགན་ཆོས་རྒྱལ་འཕལ་ཡིན་ལ་གསུང་དུ། སྐྱེགས་མར་འགྱོ་སྐྱ་ལ། ། འཇུག་པའི་མཆོད་ཚོན་འབྱི་བ་ནི། ། ཐུབ་བ་དཔང་བས་ཀྱི་ཟུག་གི། །འཇུག་པ་འང་ད་ཤུ་བུར་ཡགཽ། སྐྱེགས་མང་འབྱི་ལ་ནི་དང་ར། ། དཔར་ཞིང་ཀུན་ནས་འཆིར་བ་ཐེ། ། རྒྱལ་བའི་ཨ་ཕྱི་སྐོྱ་གསུན་ནས། །ཡགས་ཀྱི་དབང་ཐི་འཕྱུ་ལ་ཆཽ། "།

不上装帧艺术。所谓装帧艺术，就是在紧紧围绕书籍的功能进行的同时，把装帧上升到一定的审美高度。这样，书籍的功能可以依靠装帧艺术得以更加充分地体现。对于一些背离了书籍功能的本质，只围绕书籍的表象形态而进行的艺术行为，我们绝不能称之为书籍装帧艺术。因为书籍装帧的目的是最大限度地实现书籍的功能，所以装帧艺术的水平也就成为书籍能否实现其最高价值的关键因素之一。若没有好的装帧，即使是一本内容上乘的书籍，也将沦为平淡。反之，如果有精美的装帧与之相配，则相得益彰，对读者产生强烈的吸引力。

永乐版《甘珠尔》原配函头标签的丝织品纹样宝相花纹及四合如意云纹，护经板上运用朱漆戗金工艺绘制的缠枝莲托吉祥八宝纹具有明代的艺术风格，由此可以看出藏传佛教佛经在内地产生的一定影响，进而影响内地书籍的装帧艺术，这在明代宫廷佛经装饰方面体现得尤为明显。明永乐年间朝廷为赏赐藏僧而刊刻的藏文《甘珠尔》，其装帧形式基本保持了藏传佛教佛经装帧的特点，而所用材料和装饰的艺术手法又融入了内地艺术成分，如前面提到的永乐经板采用朱漆戗金工艺制作。永乐版《甘珠尔》的扉页画像也体现出了明代宫廷艺术风格。明代一方面由朝廷向藏僧赐赠官印《大藏经》，使当时内地的书籍装帧、印刷艺术传入西藏地区；另一方面，藏传佛教经典也被运用于宫廷佛事。

参考文献：

萨迦文集：第四函 [M]. 德格版：308.

上海图书馆，2018. 缥缃流彩——上海图书馆藏中国古代书籍装潢艺术 [M]. 上海：上海书局出版社.

王孔刚，2018. 书籍装帧八讲 [M]. 北京：故宫出版社.

吴明娣，2007. 汉藏工艺美术交流史 [M]. 北京：中国藏学出版社.

西藏布达拉宫管理处，2014. 布达拉宫藏品保护与研究 [M]. 成都：四川民族出版社.

杨玲，2013. 明代大藏经丝绸标封研究 [M]. 北京：学苑出版社：25-26.

中国藏学研究中心，1994. 元以来西藏地方与中央政府关系档案史料汇编 [M]. 北京：中国藏学出版社：94,96,98,104,110,115.

藏文古籍文献研究综述

——以汉文成果为主

斯朗曲珍

摘 要： 本文对国内藏文古籍的研究成果进行了搜集整理，并按研究领域进行了分类。本文认为国内藏文古籍的研究成果主要集中于版本、目录、数字化等领域，主要归功于相关研究人员前期所做的整理、出版、数据库建立等基础工作。

关键词： 藏文古籍；古籍版本；布达拉宫

藏文古籍文献浩如烟海，国内外的研究成果也非常丰富。目前，国内的藏文古籍工作主要围绕普查、整理、出版、数字化等基础工作，并有部分专项性学术研究成果。本文对国内藏文古籍的研究成果进行了一番梳理：论文主要来源于知网、万方、维普等数据库，也有部分纸质论文集，从中选取了一些质量较高、相关性较强的研究成果，并将其分成概述、版本、目录与分类、装帧、收藏、印刷、数字化、贝叶经、内容，共九类研究方向。笔者试图梳理国内藏文古籍的整体研究情况及侧重方向，以期为今后的藏文古籍研究工作提供参考。

一、概述类

概述类研究主要是指对藏文古籍及古籍工作进行总体性介绍的文章。益西拉姆的《藏文古籍文集文献及其保护研究现状综述》对藏文古籍文献的概念及产生时间做了简要介绍，并对藏文古籍文献目录排列方法做了归纳。文章认为藏文古籍文献数量多、版本多、涉及的学科也多，具有极高的研究价值。文章后半部分则主要围绕目前藏文古籍的保护研究现状及面临的问题，对 2014 年以前的藏文古籍目录整理、出版、数字化、研究等工作做了简要介绍，并提出了需要加大研究力度、培养专业人才、统筹规划、加快数字化进程等建议。

阿华·阿旺华丹的《藏文古籍抢救保护与整理研究》第一部分对五省区的藏文古籍抢救、整理、编目、出版等工作进行了简要总结；第二部分对北京地区的藏文古籍收藏、整理、编目、分类等情况进行了总结，并对北京地区的藏文碑刻及碑刻拓片进行了详细叙述；第三和第四部分主要对国内藏文古籍的整理编目、版本校对、翻译出版等方面进行了概述，并对国外的《大藏经》整理编目情况进行了简要介绍。这篇文章虽然在框架结构上有待商榷之处，但信息较为翔实。

余光会的《藏文古籍文献的主要构成——从吐蕃至清代》从文献学的视角对吐蕃时期至清代的藏文文献的大致构成及其总体特点进行了总结。全文依照吐蕃时期、分裂时期、元明清时期予以叙述，通过此文可以对藏文古籍文献的组成及特点有大致了解。

二、版本研究

国内对藏文古籍版本的研究成果较多，本文主要选取了十篇论文进行概述。

先巴的《藏文古籍版本研究——以藏文古籍印本为中心》从藏文古籍印本的历史源流、装帧形式、版式行款、印本字体四个方面进行了论述，认为印本具有普及教育、规范文字、保存文化等特点和功能。

东主才让的《几种藏文〈大藏经〉版本的异同比较》首先对各版本《大藏经》进行了简要介绍，其次概述了国内外对《大藏经》目录和版本的研究状况，第三部分则通过表格形式对德格版、北京版、纳塘版、卓尼版、拉萨版等《大藏经》的部类的编排次序和经论函数进行了比较，使各个版本的藏文《大藏经》的异同情况一目了然。

辛岛静志的《论〈甘珠尔〉的系统及其对藏译佛经文献学研究的重要性》将《甘珠尔》分为"蔡

巴"（东部）系统、"廷邦玛"（西部）系统、混合系统和独立系统，对各个版本的《甘珠尔》进行了归纳分类。值得注意的是，作者将新疆和田出土的 8 世纪时期的《法华经》藏译写本与各版本《甘珠尔》中的《法华经》比较后发现，越是后期的版本越是"修正"古老的读法，而这些古老的读法往往与梵文本一致，也就是说后代的编纂者往往抛开原文，望文生义。因此，文章的主要观点为人们在进行藏文文献学研究时，应该在整理清楚各个写本之间前后关系的基础上，尽可能使用早期的版本或写本。

史金波的《最早的藏文木刻本考略》对俄国收藏的西夏黑水城遗址（今属内蒙古自治区额济纳旗）出土的部分藏文文献木刻本进行了考述，该木刻本是目前发现的最早的藏文木刻本。文章认为，在文字上，这些文献具有古藏文的特征；装帧上，除了常见的梵夹装，还有宋代才出现的蝴蝶装，蝴蝶装符合藏文的横写方式。文章还对单叶"护轮图"做了介绍，认为西夏时期的藏文刻本印刷、装帧非常精美，还应有更早的藏文雕版印刷品；同时，从文献装帧形式等的相互影响可以看出西夏与西藏之间的密切交流。

徐丽华的《两种西夏藏文刻本考释》论述了西夏藏义刻本《顶髻尊胜佛母陀罗尼咒》和《八千颂》的文字特点、版式产生的缘由和刊刻年代等问题。作者认为西夏刻本《顶髻尊胜佛母陀罗尼咒》有第三次文字厘定前的文字特点，其版式为藏汉结合的册页线装，是西夏的早期刻本。而《八千颂》残页版式与元末明初或稍晚出现的四周双边的版式相同，怀疑是后期作品。

黑水城遗址出土的藏文文献将藏文木刻印刷的历史从以往认为的明永乐时期，提前到了西夏时期，但对于元代是否有藏文雕版印刷，后世的相关研究论著中提法不一，颇有争议。

西热桑布的《藏文"元版"考》以作者在古籍普查过程中发现的几部藏文"元版"古籍为根据，为确有藏文雕版印刷第一次找到了实物依据。文章还根据这些文献的题款及发愿文，对主持这些文献的编修、资助印施、刻印、校对人员的名字、地位、社会关系等均做了相关考证。

萨仁高娃和白张的《拉萨市尼木县切嘎曲德寺古籍普查记——又见元刻》介绍了拉萨市尼木县切嘎曲德寺古籍普查及发现元刻本的始末。并归纳总结了如何通过字体、页码和帙号、题记和尾跋、版式与纸张等形式来鉴定元刻的方法。

龙达瑞的《波兰亚盖隆大学藏万历版〈甘珠尔〉》首先对这部《甘珠尔》的来历和收藏信息进行了介绍，之后通过对照其他博物馆的藏品，对此部《甘珠尔》的版本进行了归属，其中有永乐版、万历版、万历续刻版等。同时，还对此部《甘珠尔》的纸张进行了分析，并详细描述了未能确定版本归属部分的具体信息。此外，文章还给出了此部经书中的永乐皇帝敕谕和御制后序全文，并总结了编造经过和文献价值。此篇论文信息量极大，文中给出了经书的尺寸、版式、图案、纸张、内容等许多原始信息，对研究布达拉宫馆藏的永乐版《大藏经》具有极大的参考价值。

布达拉宫藏有一套清乾隆版满文《大藏经》，同一版本的故宫也有半套。目前，对此版本《大藏经》的研究主要有两篇故宫学者的论文：翁连溪的《乾隆版满文〈大藏经〉刊刻述略》对刊刻的起因、年代、刷印部数及佛经中的插图版画、经卷装潢进行了论述；罗文华的《满文〈大藏经〉编纂考略》从编纂时间、编纂缘起、编纂原则、刊印数目、使用经费、主要供奉地，参与的藏汉僧人及典籍流向等方面做了考证。

三、目录与分类研究

藏文古籍的目录整理具有一定的特点与系统性，对这一方向的研究也有不少的成果。索南多杰的《藏文典籍目录学史考述》以西藏地方政权的更迭史为轴，系统梳理了各个时代藏文文献目录学著作的文本背景、著者身份、著作年代。先巴的《藏文古籍目录结构及其著录规则》是一篇可用于古籍普查、建档、登录的实用性文章，作者基于自身的工作经验，制订了一套完整的登录内容、次序规则，并对细目进行了解释。

吕桂珍的《我国藏学文献目录分类简论》对藏学文献编目时的分类方法与逻辑进行了梳理，作者首先认为吐蕃三大目录对后世藏学文献目录分类体系的形成产生了较大的影响，并认为《大藏经》目录体系的形成具有明显的藏文化特点，比如《甘珠尔》经典文献的排列主要是以佛陀讲经的次序为依据，对少数有根器的弟子讲密宗的教法，则是以说法对象的资质为依据排列。《丹珠尔目录》的排列次序与《甘珠尔》不同，主要是按论著的内容在佛法中地位的高低为序，对《大藏经》以外的典籍进行编目时一般以年代、作者姓名首字母、教派等为排序依据。文章还对新中国成立后形成的综合类目录分类法进行了详细列举，如拉卜楞寺目录、东嘎·洛桑赤列的目录学、北京图书馆藏文典籍分类、中国藏学研究中心图书馆的分类、杰当·西热江措的分类，并分析了它们的异同之处。文章最后对现在通行的图书文献分类法——《中国图书馆图书分类法》和其他几种通用的分类法进行了概述。

王建海的《当代藏文文献目录学论著举要》按时间顺序列举了四部带有研究性质的当代藏文文献目录学著作，并进行了评述。它们分别是中国民族图书馆主持编纂的《藏文典籍目录文集类子目》（藏汉对照），东嘎·洛桑赤列所著《藏文文献目录学》（藏文），黄明信所著《汉藏大藏经目录异同研究》，徐丽华所著《藏文〈旁唐目录〉研究》。文章总结性地认为《藏文典籍目录文集类子目》是一部汇集众多学者智慧的高水平藏文文献目录。以作者名字字母为序的目录排列法、作者小传，以及全书的汉译，均为其特色，具有重要的学术价值；《藏文文献目录学》是一部史论结合的著作，首次在藏文文献目录学研究领域提出"目录学"的概念，并提出了19类分类法，独树一帜，成为这一学科的奠基之作；《汉藏大藏经目录异同研究》是汉藏《大藏经》目录对勘研究方面的专著，对该研究领域的学术贡献巨大；《藏文〈旁唐目录〉研究》是当代藏文文献目录学著作中少有的专题研究，在古代藏文文献目录学著作的专题研究方面开了先河，具有重要学术意义。作者认为从这些著作中可以看出，当代藏文文献目录学研究正在向理论化、专业化的方向发展。

尕藏卓玛和张智慧的《论藏文文献目录学发展的新趋势》从信息时代藏文文献信息资源和数字资源的组织、开发和利用等学术研究相对滞后的现状出发，从藏文古典目录学研究的深化、藏文数字目录学研究的兴起、藏文数字资源编目研究和数字书目控制等方面探讨了新环境下藏文目录学研究的发展趋势和方向。

《丹噶目录》《青浦目录》《旁唐目录》合称吐蕃佛经三大目录。其中，《丹噶目录》因收入《大藏经》而广为流传，其余两书自布顿之后无人引用，隐没了600多年。但2002年在西藏发现了14世纪的《旁唐目录》写本，因其目录保留了早期吐蕃本的原貌，因而具有很大的文献价值，并出现了一些以其为研究对象的学术论文。才让的《〈旁唐宫目录〉——编纂时间、画像题记、文献分类及其价值》对《旁唐目录》的编写依据、完成时间等做了认真的考究。文章认为《旁唐目录》的编写是为了统一佛典名称、确定佛典数量，通过对《旁唐目录》前言和正文中有关类目的说明，得出了此目录的编写广泛参照了当时已有佛典目录类文献及译经题记的结论，并认为目录补充了佛典目录中没有的文献。在《旁唐目录》完成的时间及其得名缘由分析中，作者认为该目录的得名是因为最后完成的地点在旁唐宫，故名《旁唐目录》。在完成时间上，通过与《兰噶目录》的全面比较，认为《旁唐目录》的主体部分应早于《兰噶目录》，完成时间约在公元818年。该文还对《旁唐目录》最初装帧形式及画像、编目分类、特点做了详细的考究，比较了《丹噶目录》与《旁唐目录》分类的异同，为研究藏文佛典的源流留下了重要的资料和线索，肯定了《旁唐目录》的重要文献价值。徐丽华的《论〈旁唐目录〉的编纂及其学术价值》论述了《旁唐目录》的编纂过程、时间、方法、编纂者、书名和学术价值。徐丽华认为《旁唐目录》的编纂步骤大致分三步："第一，据'旧目录'和书目卡进行校勘；第二，核对每一种译经的责任者、颂数、卷数；第三，删多补缺，即通过新编目录与旧目录比对，删除一书两译的版本，并增补后译经，最后编成目录书。"在其编纂的时间上，作者认同布顿大师的说法，即《旁唐目录》的形成晚于《丹噶目录》，并认为不管是《丹噶目录》还是《旁唐目录》，所收目录中都有赤松德赞之后的译经目录。此外，作者还通过分析目录正文的内容来说明其具体的分类、编排和著录情况。

黄惠烽的《藏族文献分类方法探讨》概括叙述了按照大小五明进行分类，按宗教和世俗进行分类，按年代顺序进行分类的三大分类方法。索黛的《浅谈藏文古籍的分类》简述了拉卜楞寺分类法、东嘎·洛桑赤列目录分类法及西北民族大学图书馆的分类法，作者还提出了自己对藏文文献分类方法的建议。

四、装帧研究

目前，国内对藏文典籍装帧研究的文章以概述性或浅层次的研究为主，未见系统、突破性的研究成果。益西拉姆和英珍的《藏文古籍文献装帧形式初探》对藏文古籍的卷轴装、经折装、蝴蝶装和线装进行了简述，并对梵夹装的夹板、包布、目录条、布幔、行文、字体、墨汁用料、插图等的装帧结构进行了梳理。文末总结了藏文古籍装帧的特点。周懿的《从梵夹装的装帧形制演变看唐蕃古道的文化融合》认为，唐吐蕃古道将中原、西藏、西域的文化相互连结，贝叶经作为佛教文化的载体从印度传至我国西藏，而造纸术与印刷术则由中原传至西藏，梵夹装正是两种文化在西藏地区汇合交融的产物，同时融入西藏地区的审美和宗教观念，形成具有西藏特点的梵夹装，又经过历朝历代的继承传播，在清代梵夹装的装帧形制迎来了大融合大发展的最高峰。在唐代文化大交流过程中，西方梵夹装与东方卷轴装相互融合，在中原产生了新的经折装样式，是文化双向交流的具体体现。格桑多吉的《藏文的创制与早期典籍的装帧设计》分为藏文的创制、藏文字体设计、早期典籍形式与装帧三部分，文章认为佛经的传入促进了译经事业的蓬勃发展，藏文字体和佛教典籍的装帧设计也在这个时期开始兴起。梁成秀的《藏文典籍装帧与命名特点初探》探讨了藏文典籍的版式印刷形式与藏文典籍梵夹本的装帧特点，并认为藏文典籍的另一个重要特点是用色彩命名和修饰语的运用，使藏文典籍具有鲜明的民族文化特点。

五、收藏类研究

此类笔者主要收集了三篇西藏以外地区的藏文典籍收藏情况，阿华·阿旺华丹的《北京地区所存藏族历代高僧贤哲文集解题目录》对每种文集的名称、著者、著述年代、函卷页码、经籍刻版、刻版佛像、保存状况、典籍特征和收藏单位进行了全面介绍，并对藏族历代高僧贤哲文集的编目情况做了初步论述。这篇论文也可归入目录类，但因其信息翔实丰富，可以帮助我们具体了解北京地区所藏藏文典籍的基本情况，因此笔者将其列入收藏类。孟霞的《俄罗斯科学院东方文献研究所藏文典籍收藏考略》从历史的角度出发，对18世纪初到20世纪50年代末该研究所藏文典籍库的兴起、形成和发展进行梳理，纠正了以往人们有关俄国首批藏文文献出现时间的错误认识；对该研究所以藏文典籍收藏为基础形成的独具特色的藏学典籍收藏、整理、研究体系进行了阐述，强调其为世界藏学研究做出的重要贡献。卢亚军等的《凉州遗存藏文古籍考略》对21世纪初在甘肃武威（史称凉州）发现的大量藏文古籍进行了梳理、考述，这批藏文古籍包括手抄本藏文《大藏经》，吐蕃写经残卷、木牍，噶当派（11—13世纪）的写经，朱砂印本藏文《大藏经》等珍贵内容。文章介绍了这批古籍的历史背景与收藏渊源，以及具体的收藏内容和数量，并对纸张、颜料、字体与插图，出处与供养人及年代信息进行了考证。经专家考察认为这批古籍具有较高的版本研究价值，对研究凉州地区藏传佛教和民族关系也有着特殊的作用。

六、印刷研究

东嘎·洛桑赤列《谈藏文古籍印刷的几个问题》一文为藏文，由王建海翻译，文章认为藏文文献印刷术的出现为减轻抄写困难、避免错别字、扩大发行量、统一藏文语法及词汇等方面做出了有益贡献。文章对印刷工时、工种、工序均进行了详细介绍，并以藏文典籍的记载作为依据，详细罗列了不同时期印刷各版典籍的人数与酬劳支付形式，并详细列述了纳塘版《大藏经》和德格版《大藏经》印刷时的原料产地、数量及人工支出等信息。由于藏文典籍的刻版印刷不用于商业盈利，因此作者介绍了印刷中保持收支平衡的模式，并对德格印经院的规章制度进行了概述。作者认为，刻版印刷有其优势，可与机器印刷相辅相成。最后作者强调了出版单位的义务，认为出版单位不应只是追求利益，还需要承担必要的社会文化责任。吴引水的《我国藏传佛教寺院文化的宝库——藏文典籍著名印书院考述》借助史籍对藏传佛教的七大印经院——纳塘印经院、德格印经院、雪印经院、拉卜楞寺印经院、塔尔寺印经院、卓尼禅定寺印经院、拉加寺印经院的历史与刊刻情况进行了考述。

七、数字化研究

目前，对古籍进行数字化转换已成为趋势。徐丽华的《关于藏文古籍数字化的思考》总结了藏文古籍数字化的现状，认为就目前而言国内藏文古籍数字化工作尚未大规模展开，而国内藏文书籍的出版已颇具规模，拥有藏文图书数据基础，因而需要加快藏文图书书籍数字化的脚步。对此，作者论述了目前藏文古籍数字化建设所面临的问题，主要有统一数字化软件和格式、学术用语、文献分类、著录规则、人才培养等问题，并就如何解决这些问题提出了自己的建议，还总结了一套藏文古籍数字化及其加工流程的方案。

周卫红的《基于 Unicode 的藏文文献数字图书馆的构建——以美国藏传佛教资源中心数字图书馆（TBRC）为例》，首先对国内藏文古籍数字化的进程与技术进行了概述，之后详细介绍了美国 TBRC 藏传佛教资源中心。TBRC 由美国藏文文献家金·史密斯创立，TBRC 的一个主要目的是使所有对藏文化感兴趣的读者都可以免费阅读藏文文献，因此 TBRC 图书馆不仅可以在线阅读，而且可以随时安装。金·史密斯收藏了诸多藏文文献，TBRC 汇集美国、中国、印度、尼泊尔的藏学学者、文献编目专家和计算机技术人员，致力将这些文献进行数字保存并传播发行。TBRC 是目前国际影响力较大、较为成功的藏文文献数字图书馆，因此周卫红建议采用 Unicode 藏文技术，实现与国际标准对接；并加大研发投入，培养编目与技术人才，建立起国内的藏文文献数字图书馆系统。

卓玛吉的《网络环境下藏文古籍的开发和利用保护》基于西北民族大学图书馆的藏文文献馆藏，论述了藏文古籍的特色与价值及藏文古籍开发利用与保护的重要意义，主要阐述了目前藏文古籍的开发与保护现状，以及在网络环境下民族高校图书馆在藏文古籍资源开发利用与保护方面应采取的措施。

八、贝叶经

萨尔吉的《西藏所藏贝叶经》对梵文写本贝叶经流入西藏，并在 20 世纪初被罗睺罗与图齐发现之后几经辗转，部分被布达拉宫、罗布林卡、北京民族文化宫收藏进行了简介。文章还对藏学研究中心和北京大学的梵文贝叶经保护、整理、研究情况做了介绍，并对国外的出版、研究情况进行了概述。西藏所藏梵文写本贝叶经多集中于 11—13 世纪，内容除佛教典籍外也包含文学内容，作者认为可以从这些典籍中窥见当时藏族文化精英的知识建构，从而更好地了解我国藏族文化与印度文化间的相互往来。作者最后强调部分梵文写本的藏文题跋显示明清时期仍有藏族学者对其进行整理、检视。

李雪竹的《西藏贝叶经中有关因明的梵文写本及其国外的研究情况》对西藏所藏梵文贝叶经中有关因明的写本做了列述，并对罗睺罗、斯坦因等国外学者的研究情况做了介绍。马燕如、卫国的《西藏贝叶经中的"白色粉状物"的初步分析研究》利用高科技手段对覆盖贝叶经的白色物质进行了分析，结果表明这种白色粉状物应是贝叶经加工时，为防止贝叶之间粘连而人为添加的高岭土。这一结论可为布达拉宫馆藏贝叶经的保护提供科学依据。

九、内容研究

藏文典籍浩如烟海，对典籍内容的研究涉及多种学科，研究成果与形式极为广泛。此次主要选取几篇以藏文典籍内容为线索对历史、文化进行研究的学术论文，以期从方法和思路上对我们接下来的古籍研究起到借鉴作用。

林梅村的《藏文古籍所述于阗王谱系迄始年代研究》以敦煌文献《于阗教法史》等藏文文献中有关于阗王谱系的记述为线索，结合《洛阳伽蓝记》和《大唐西域记》等史籍，对于阗王谱系迄始年代，佛教传入于阗的时间和汉文、藏文、于阗本地语言文字资料三个系统对这段于阗史上两位于阗王不同称谓等问题进行了考证。

石硕、刘欢的《康区被称作"人区"考——兼对藏文史籍中"黑头人"概念的考察》以藏文文献为依据，对康区被称作"人区"这一称呼的内涵及缘起进行了研究。《汉藏史籍》中称卫藏为"法区"，安多为"马区"，康为"人区"，"人区"实为"黑头人区"的简称。文章对藏文文献中三种有关"黑头人"的记载进行梳理和研究后认为，康区被称作"黑头人区"应与藏文文献中的"黑头矮人"概念及"四氏族""六氏族"起源传说密切相关，因为传说中的"四氏族""六氏族"大多分布于康区。康区作为"黑头人区"这一说法也反映出了 13、14 世纪这三个区域在文化融合及民族、地域认同上已步入一个新的阶段。

孔令伟的《从新发现的藏文文献看藏传佛教在土尔扈特东归中的历史作用》对新疆伊犁特克斯县出土的《铁猪年达赖喇嘛谕令》《乃琼护法神谕令土尔扈特众生》两个藏文文书进行了考证与解读，并参照《四卫拉特史》《蒙古溯源史》以及汉文和满文的档案文献考证出文中出现的阿勒达尔噶布楚是咱雅班智达的弟子，并分析了其人生轨迹。咱雅班智达的卫拉特大库伦受到准噶尔部严重打击后，阿勒达尔噶布楚离开郭莽扎仓，返回土尔扈特并重建卫拉特大库伦，并于 1676 年由额尔齐斯河中游远徙至今日俄国伏尔加河流域一带，与土尔扈特人建立联系，自此成为土尔扈特联系西藏地方与清朝的重要桥梁。由现存藏文档案可以确知，17 世纪以来，土尔扈特人即便受到地理的隔绝与沙俄的阻挠，仍然通过卫拉特大库伦与我国西藏地方政权保持密切联系，更促成土尔扈特数度绕道北京前往西藏进行朝圣之旅。文章最后讨论了 18 世纪后期随土尔扈特东归的卫拉特大库伦被纳入清朝的边疆秩序及最终淡出历史舞台的过程。

十、结语

　　国内藏文古籍的研究工作已开展多年，并取得了丰硕的成果，但与卷帙浩繁的藏文古籍相比微不足道。这些研究成果也要归功于前期的整理、出版、数字化等保护利用工作。开放、便捷的资料库是取得学术研究成果的极大助力，而资料库本身或生成过程也是学术成果。文中整理的大部分论文是在古籍整理、出版、数字化的过程中产生的。因此，要把布达拉宫的古籍文献研究利用好，整理建档是基础，数字化转换是途径，出版共享是趋势，最终的目的是保护、传承、弘扬中华民族优秀的传统文化。

参考文献：

阿华·阿旺华丹，2010.藏文古籍抢救保护与整理研究［M］// 黄建明，聂鸿音，马兰.首届中国少数民族古籍文献
　　国际学术研讨会论文集.北京：民族出版社：506.

阿华·阿旺华丹，2012.北京地区所存藏族历代高僧贤哲文集解题目录［J］.中国藏学（1）.

才让，2015.《旁塘宫目录》——编纂时间、画像题记、文献分类及其价值［J］.中国藏学（1）：92-113.

东嘎·洛桑赤列，2001.藏文文献目录学［M］.北京：中国藏学出版社.

东主才让，2000.几种藏文《大藏经》版本的异同比较［J］.中国藏学（1）：100-109.

格桑多吉，2014.藏文的创制与早期典籍的装帧形式［J］.西藏艺术研究（3）.

黄惠烽，2017.藏族文献分类方法探讨［J］.四川图书馆学报（3）：49-51.

黄明信，2003.汉藏大藏经目录异同研究［M］.北京：中国藏学出版社.

孔令伟，2019.从新发现的藏文文献看藏传佛教在土尔扈特东归中的历史作用［J］.中国藏学（1）.

梁成秀，2003.藏文典籍装帧与命名特点初探［J］.西藏民族学院学报（哲学社会科学版）（6）：29-31.

林梅村，1985.藏文古籍所述于阗王谱系迄始年代研究［J］.新疆社会科学（5）：83-90.

龙达瑞，2017.波兰亚盖隆大学藏万历版《甘珠尔》［J］.西南民族大学学报（人文社会科学版）（1）：88-93.

罗文华，2005.《满文〈大藏经〉编纂考略》［J］.中国历史文物（3）：72-81.

尕藏卓玛，张智慧，2013.论藏文文献目录学发展的新趋势［J］.西藏大学学报（社会科学版）（2）：145-
　　148,157.

萨仁高娃，白张，2014.拉萨市尼木县切嘎曲德寺古籍普查记——又见元刻［J］.中国藏学（S1）.

石硕，刘欢，2017.康区被称作"人区"考——兼对藏文史籍中"黑头人"概念的考察［J］.中国藏学（4）：54-62.

王建海，2014.当代藏文文献目录学论著举要［J］.文津学志（1）：307–313.

翁连溪，2001.乾隆版满文《大藏经》刊刻述略［J］.故宫博物院院刊（6）：61–65.

史金波，2005.最早的藏文木刻本考略［J］.中国藏学（4）.

索黛，1996.浅谈藏文古籍的分类［J］.西北民族大学学报（哲学社会科学版）（4）：119–123.

西热桑布，2009.藏文"元版"考［J］.中国藏学（1）.

先巴，2016.藏文古籍版本研究——以藏文古籍印本为中心［J］.西藏研究（3）：99–110.

辛岛静志，2014.论《甘珠尔》的系统及其对藏译佛经文献学研究的重要性［J］.中国藏学（3）：31–37.

徐丽华，2013.藏文《旁塘目录》研究［M］.北京：民族出版社.

徐丽华，2015.论《旁塘目录》的编纂及其学术价值［J］.西藏大学学报（社会科学版）（4）：120–127.

徐丽华，2015.两种西夏藏文刻本考释［J］.中央民族大学学报（哲学社会科学科版）（5）：171–176.

益西拉姆，2014.藏文古籍文集文献及其保护研究现状综述［J］.中华文化论坛（12）：93–97.

益西拉姆，英珍，2017.藏文古籍文献装帧形式初探［J］.中华文化论坛（5）：77–82.

余光会，2012.藏文古籍文献的主要构成：从吐蕃至清代［J］.四川民族学院学报（5）：23–28.

中国民族图书馆，1984.藏文典籍目录文集类子目［M］.成都：四川民族出版社.

周懿，2016.从梵夹装的装帧形制演变看唐蕃古道的文化融合［J］.西藏民族大学学报（哲学社会科学版）（1）：
　13–19.

国外藏文古籍研究动态

旦增央嘎

摘　要： 藏学研究过程中不免会涉及藏文古籍文献的阅读与解析。近年来，除了文本本身，更多的学者开始关注古籍的其他方面。这些细致化的研究成果令人发现：古籍的装帧、字体、插图、纸张、墨料等能够为个人的研究提供重要的线索与信息。这些线索不仅能够帮助断代，还能更为清晰全面地重构彼时的历史背景。本文择选国外近十几年的优质及具有代表性的英文学术成果并以此为基数，总结藏文古籍的研究方向，并且得出国外藏文古籍研究正呈现方法多元化和内容细致化的结论。同时，通过该趋势的分析，也显现出该领域的研究空缺。

关键词： 藏文古籍；藏文文献；国外动态；方向；方法；趋势

一、引言

藏学研究在海外的开端与普及大幅度提升了藏文文献的利用率。无论从事历史、宗教还是文化研究，都将不可避免地涉及相关藏文文字资料的研读。绝大多数国外学者在研究过程中，都会参照原文文献来完善白白的研究内容，从而最大化地、客观地还原当时的历史背景；谨慎的学者为了确保所参考文献的准确性，会试图追寻最早的藏文文献，即尽量参考第一手文字资料。这大大地推动了藏文文献，尤其是藏文古籍文献的研究、利用及保护工作。实际上，针对"古籍""古文献"这一概念界定仍存在一些误区。它并非如大家普遍理解那般，仅仅是指批量印制的梵夹式佛教文献。

古籍或古文献并不局限于其书写材质与文本内容。更确切地说，只要具备文物、艺术、文献、文献版本的价值，便可以被认作古籍（白张，2013）。古籍的载体丰富多样，除了最常见的纸张，动物皮骨、石碑、钟铭、简牍和桦树皮也被用于书写文字资料。这些较为罕见的材质多出现于考古遗存中。以藏文书写的古籍除了出现在西藏，新疆库车和甘肃敦煌、青海都兰等地也有出土。佛教自唐代吐蕃时期传入西藏后，各类经、律、论典籍的引入和翻译得到发展并延续至今。石碑上遗存的文字通常是对政事、大臣政绩、经济方针等历史信息的记载。其他遗存包含往来信件及记事类文字，这类资料数量较少且主要发现于新疆地区。

藏文史书中经常有拉妥妥日年赞时期有数部佛教典籍从天而降的传说。抛开其中的神话色彩，我们可以推测，当时的西藏地区已经开始出现少数从印度传入的梵文或巴利文的佛教经典。奈巴班智达（ནེའུ་པཎྜི་ཏ་སྔོན་ལས་རྒྱལ་བཞེངས།）也在他的传记中提及在赞普拉妥妥日年赞时期，译师黎醒斯（ལི་ཐེ་སེ།）与罗森措班智达（ལྷ་སེ་བྱམས་འཆོ།）带来（书中使用了"བསྣམས།"这一词，表示"随身带来"）了经籍。[①]然而，这些经籍的文字并非藏文。若要回溯最早以藏文书写的文字资料，目前的考古遗存只能追溯至7—8世纪的吐蕃时期。在现存的吐蕃时期丰富的藏文古籍中，动物皮骨、木简、残纸和简牍遗存皆有实物发现，另有碑铭及洪钟20多座。碑铭及洪钟上时常提及镌刻年代，内容相对较完整且篇幅更长，因此被视作其他文字资料断代依据的参照标准。目前，所知最早书写在纸张上的古籍出土于敦煌的藏经洞，这些大批量的藏文手抄本可以追溯至672—747年的吐蕃时期。写本的内容涵盖佛典、历史、法律、医学、语言、经济、译本，等等。吐蕃王朝在公元8至9世纪中期占领过吐鲁番地区，因此该地也发现了一些藏文写本。这些文献数量较少，多数为不完整的经籍碎片及信件。吐蕃王朝解体后，吐蕃的语言和文字在部分中亚地区仍然作为通用语，因此这些文献的时间跨度也从9世纪延伸至14世纪中叶。

目前，我们并没有发现能够准确断代为吐蕃时期的藏文印刷制品。印刷技术在中原萌芽于7世纪中期，而在西藏地区，这项技术至少晚了约两个世纪。法国国家图书馆存有一份敦煌藏品（P.T.4216），有学者认为它可能是最早的藏文印刷品，也有学者认为该单页是用烫印工艺（stamp）制成的戳记，且大约制于10世纪（Schanik,2016）。视觉上，该单页与印刷品更为相似，右下角处还有另一处圆形印章。该页文字内容为藏文转写的一段梵文《陀罗尼经》。正中间有莲花图样，20片莲瓣中，最外围的8片中央各画有金刚杵。莲蕊中间圈以联珠纹并书写有黑色汉字："比丘问確□持唵□折羅□呵吽無□生真言"。然而除此孤例外，普遍仍然认同最早的藏文经籍批量印刷

---

① 细节参见白张《藏文古籍概论》第9页中所引奈巴班智达著书 (ཉེའུ་ཕྱི་གཏམ་མེ་ཏོག་ཕྲེང་བ།) 中的内容。

品出土于黑水城遗址（今内蒙古自治区额济纳旗），其中最早的文献可追溯至 1153 年（Helman-Waazny,2016）。大型藏文印刷业最早始于 12 世纪的元朝。自元以后，藏文经籍印刷业快速发展起来，它们多采取梵夹式的装帧形式。完整的梵夹式经籍由里到外通常依次配有护经帘、函头标签、护经板、经书带和护经布，它们的主要功能就是保护书籍不被虫蛀或损毁。一些经籍内外绘有插图，插图的数量不一，有些只绘制在首尾卷，有些通篇皆有出现。插图的绘制方式多种多样：多数雕琢于刻版上并转印于纸上，有些将插图先绘制于布料

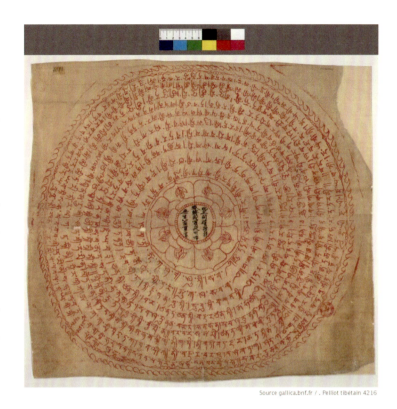

藏文《陀罗尼经》戳记单页

上然后再粘贴在经卷之上，有些经卷首页还粘有类似"擦擦"的小型泥塑佛像。

二、资源平台

国外众多高等学府、研究机构及文博单位都藏有我国甘肃、新疆等地出土的藏文古籍。为了满足古籍研究者的需求和爱好者的兴趣，其中有些机构会在其官网开放网络数字资源供读者阅读下载。在资料的查找过程中，使用率最高的依然是数字平台。尤其以金·史密斯先生在 1999 年创办的藏传佛教资源中心（TBRC）最为知名。之后，陆续出现了其他更具针对性的数字化平台。数字化平台具备许多优势：首先，就文物保护层面来讲，它避免了翻阅及研究过程中对文物产生的潜在伤害；其次，经过扫描、数字化、编目、归档及录入网络平台后，古籍的使用成本大大降低，利用率却得到了显著提升。第三，数字平台的优点在于其共享性，这极大地方便了古籍的使用者。正因如此，越来越多藏有藏文古籍的单位都开始着手对数字资源的开发；形式多以个体单位的官方网站为主，也有少数单位与其他网络平台合作。下面简要介绍在日常学习研究中使用最为频繁的海外数字平台

和一些最具知名度的藏文文献馆藏单位。

（一）数字平台

1. 藏传佛教资源中心（TBRC，现已更名为 BDRC，佛教数字资源中心）

作为创办时间最早的藏文文献数据收录平台，该网站文献资源丰富，检索便利且词条丰富，是藏学研究者必会访问的网站。该平台把曾经极度濒危的西藏文学语库提升到了非常高的保存水平。该网站的所有文本和原数据资源都存储在哈佛燕京学院数字存储库服务的长期保存程序中。更名为佛教数字资源中心后，已扩展至多语言经书收集及录入工作。该网站现正与中国及印度进行易损写本和木刻本的数字化工作。目前为止，已数字化并提供了超过 1140 万页的藏文文献，并且该总数每天都在增长。仅 2016 年，佛教数字资源中心便保存了 200 万页左右的藏文文献。

2. 藏文古籍文献在线（Old Tibetan Documents Online, OTDO）

该网站由隶属于东京大学外语学院的亚非

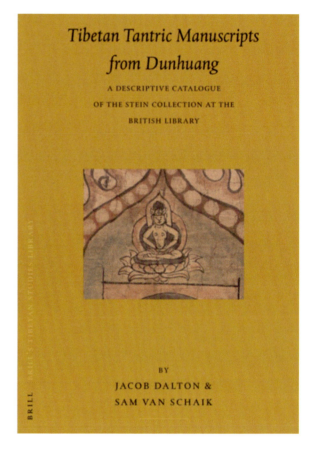

《来自敦煌的藏文密宗手抄本》书封

文化与语言研究学院（The Research Institute for Languages and Cultures of Asia and Africa, ILCAA），于 2001 年成立。现任主编武内绍人为日本神户大学教授，资深藏文古籍研究者。该网站主要负责音译精选 7—12 世纪的藏文文献：文献内容涉及唐代吐蕃时期的文化与社会史，佛教及其他宗教的发展史。其文本来源主要为特藏的敦煌藏文文献，藏本源单位包括法国国家图书馆和大英图书馆。译文以藏本通用编目列出（如 P.T. 0016,IOL Tib J 0738），并以威利（Wylie）藏文输入法录入公布于网站。截至目前，已音译完古籍 173 本。网站组织出版了三部专著，内容皆与古籍相关，第三期即最新一期论文集中的文章可供读者阅读下载。

3. "8,4000: Translating the Words of the Buddha"（八万四千：佛典传译）

该网站由美国科罗拉多州的非营利组织创建，主要通过筹集善款来资助经文的翻译工作。目前，正在翻译德格版《甘珠尔》。截至 2021 年 4 月 28 日，已翻译完成 17747 页。已翻译完成的英文文本将在网站上公开，供读者在线浏览，并可下载 PDF 文档。

4. 亚洲经典典籍录入工程（Asian Classics Input Project, ACIP）

此网站于 1987 年由罗奇（Roach）创建，其目的是创办一个能够免费检索完整电子版本藏文《大藏经》、哲学注疏及辞典的网站。网站现已录入 8500 部近 50 万页的文本，供读者免费阅读。

（二）馆藏单位[①]

1. 法国国家图书馆（Bibliothèque nationale de France）

保罗·伯希和（Paul Pelliot, 1878—1945）从我国敦煌劫走的全部文物收藏于法国国立图书馆，其中藏文写本超过 3000 余卷。

2. 大英图书馆（The British Library）

斯坦因（M. A. Stein, 1862—1943）从甘肃敦煌[②]、新疆米兰及麻扎塔格、内蒙古黑水城等地劫走了大量文物，其中包含藏文文献 1854 卷。这些被劫走的文献运至英国后，于 1973 年全部交由大英图书馆收藏。目前，大英图书馆正与 OTDO 协作进行藏文写本的音译工作，也与国际敦煌项目有数字化的合作。

3. 俄罗斯科学院东方文献研究所（Institute of Oriental Manuscripts of the Russian Academy of Sciences, IOS）

奥登堡（S. F. Oldenburg, 1863—1934）在敦煌、科兹洛夫（P. K. Kozlov,1863—1935）在黑水城等地考察期间劫走了一系列文物，其中数百余卷藏文写本现收藏于俄罗斯科学院东方文献研究所。

4. 意大利亚非研究院（Istituto Italiano per l'Africa e l'Oriente, IsIAO）

该图书馆保存了图齐（Giuseppe Tucci）数次从我国西藏地区获取的众多藏文木刻印刷品和少量写本文献。其中便有德格、纳塘、楚布版本的系列佛教经典，上师文集以及其他各类经籍。图齐搜集并挑选了许多具有代表性、不同教派的重要文献（克莱门特、魏文，2014）。

此外，一些文博单位也散藏有数量不等的藏文古籍。如，波兰雅盖隆大学图书馆及其他博物馆、院校收藏了波兰在 19—20 世纪远东科考中发现的文献；德国国家图书馆收藏的纳塘版《甘珠尔》及其他或手抄或印制版的《甘珠尔》；美国国会图书馆（Library of Congress）藏有一套极其珍贵的卓尼版《大藏经》（用于印制该版本经书的 18 世纪雕刻木板在 1929 年发生的一场火灾中被烧毁）；日本龙谷大学等非政府文博单位散藏着大谷光瑞（Otani Kozui, 1876—1948）从敦煌盗窃的

---

①本文按藏本数量最多及最知名的收藏单位进行简要归类。
②据斯坦因描述，他在敦煌藏经洞见到超过 80 捆藏文文献，每捆包含超过 12 函写卷。他从中劫走了精挑细选的 30 大捆文献。见 Dolton, J. & Schanik, S.V.(2006). Tibetan Tantric Manuscripts from Dunhuang, Leiden: Brill.

大批藏文文献；美国密歇根大学特藏图书馆、美国哈佛燕京图书馆、德国国家图书馆等单位珍藏着印刷于北京的版本不一的《甘珠尔》。还有其他一些单位，如德国汉堡大学写本研究中心馆藏着许多珍贵的藏文文献，在此不一一列举。

三、学科动态

谈到藏文古籍时，我们探讨的主题远比文字更丰富。诚然，文字是最核心的部分，它是一切的开始，这也是有关文字内容的研究从始盛行至今的原因。然而，除去文字，有关古籍的其他细节也能够透露重要的信息，这些便与古籍的形式有关。早期藏文古籍研究多专注于解析文献所述内容或是特定文献的历史渊源。这不仅涵盖注疏与解读、对写本内容的细致介绍（如目录、文字内容、涉及的尊神及仪轨等），同时也包含对写本内容进行或简或繁的翻译。近些年来，越来越多的研究者开始对古籍诸如文本的字体、页码标记方式、卷内插图、纸张结构、护经板、工艺、版本（木刻版、手抄本、印经地点等）、装帧形式等细节性领域进行深度探究。这类研究在国外起步略晚，专业研究人员数量也不如其他领域多。近几十年来，专门从事藏文古籍研究工作的人员正在增加，研究成果[1]也日益丰硕。通览近几十年国外藏学研究成果便能发现，有关西藏文化的研究正逐渐呈现出内容细化、方法多元化的特点。同样的，藏文古籍文献的研究也呈此趋势。总体而言，国外藏学研究人员皆熟识藏族文化的基本层面，并在此基础上有其专注的研究领域，如美术史、近代史、风俗、语言等。当然，这些研究并不是独立于彼此而存在的，探究某个领域时必然会接触到其他知识层面。

近几十年来，关注藏文古籍的国外学者日渐增多，下面就几位专业藏文古籍研究人员[2]及研究方式做简要介绍。

萨姆·范沙克（Sam van Schaik）：英国大英图书馆研究人员，正在进行一项长期的写本研究项目。他过去的研究项目包含古藏文及敦煌藏经洞出土的藏传佛教密乘写本，成就斐然。针对藏文

---

①本文提及的海外研究成果以英文著作为主。
②涉及古籍文献内容研究（对文字翻译、解读或注疏）的学者及学术成果不胜枚举，而本文将着重分析非文字解读类的研究人员及其成果。

古籍的研究成果涉及字体①、写本编目②、文本功能③、写卷年代判定④、写本研究方法⑤、文本内容⑥等。其卓越的研究将古文字学（laeography）、手稿学（codicology）等研究方法运用至古藏文文献的研究当中，从而进行写本断代，以及在阅读大量写本的基础上，结合文献书写年代的历史及社会语境，推断特定文献的文本功能。

武内绍人（Tsuguhito Takeuchi）：日本神户市外国语大学外国学研究所教授，主要研究领域为语言学。截至目前，其研究成果总体上基于中亚、我国黑水城遗址及敦煌出土的古藏文文献，内容关乎古藏文的词、句法⑦及其历史发展⑧，写本的装帧⑨和编目⑩，以及语言学视角下的历史重建⑪。由于敦煌出土文献中包含少数古象雄语写本，因此他对这些写本中的古象雄语也做了语言学研究。⑫从语言学的视角对古藏文及其历史文化进行研究的学者不多，武内绍人不仅方向明确且研究深入，大量学术成果对过渡时期古藏文⑬及相关历史背景研究更是具有启发性的作用。

阿格涅斯卡·赫尔曼·瓦兹尼（Agnieszka Helman-Wazny）：德国汉堡大学博士后。她认为

---

① The Origin of the Headless Style (dbu med) in Tibet, 2012.

② Tibetan Tantric Manuscripts from Dunhuang, 2006；A Tibetan Catalogue of the Works of 'Jigs-med gling-pa, 2014.

③ The Uses of Early Tibetan Printing: Evidence from the Turfan Oasis, 2016; The Uses of Implements are Different: Reflections on the Functions of Tibetan Manuscripts, 2016.

④ Dating Early Tibetan Manuscripts: A Paleographical Method, 2013.

⑤ Witnesses for Tibetan Craftsmanship: Bringing Together Paper Analysis, Palaeography and Codicology in the Examination of the Early Tibetan Manuscripts, 2013; Towards a Tibetan Palaeography: Developing a Typology of Writing Styles in Early Tibet, 2014.

⑥ Sun and Moon Earrings: The Teachings Received by Jigs-med Gling-pa, 2000; The Prayer, the Priest and the Tsenpo: An Early Buddhist Narrative from Dunhuang, 2007.

⑦ Split Ergative Patterns in Transitive and Intransitive Sentences in Tibetan: a Reconsideration, 1995.

⑧ Formation and Transformation of old Tibetan, 2012.

⑨ Glegs tshas: Writing Boards of Chinese Scribes in Tibetan-ruled Dunhuang, 2013.

⑩ On the Tibetan Texts in the Ōtani Collection, 1994; Old Tibetan Manuscripts from East Turkestan in The Stein Collection of the British Library: Volume Ⅱ. Descriptive Catalogue, 1998.

⑪ Tshan: Subordinate Administrative Units of the Thousand-district in the Tibetan Empire, 1994; Sociolinguistic Implications of the Use of Tibetan in East Turkestan from the End of Tibetan Domination through the Tangut Period (9th-12th c.), 2004; Tibetan Military System and Its Activities from Khotan to Lop-Nor, 2004; Tshar, srang, and tsham: Administrative Units in Tibetan-ruled Khotan, 2008; Varieties of Tibetan Texts from Khara-khoto and Etsin-gol: An Introductory Remark, 2016.

⑫ The Present Stage of Deciphering Old Zhangzhung, 2009.

⑬ 武内绍人在其文章 "Sociolinguistic Implications of the Use of Tibetan in East Turkestan from the End of Tibetan Domination through the Tangut Period (9th-12th c.)" 中提出藏文发展经历了两个时期：古藏文时期（早于9世纪中期的手抄本和石碑文字）和传统藏文时期（12世纪左右的印制本）。吐蕃王朝分崩离析之后在敦煌、黑水城、额济纳河沿岸、吐鲁番发现的部分写本文字，应被纳入过渡期间。

比起手抄本，木刻版印刷品通常能够透露更多重要信息，因此尤其专注于印刷本的研究。其研究方式主要为，以科学手段检测文献的纸张纤维，并结合时代背景还原文献印刷的历史始末。必要时，还要进行年代及地源的判断。她近十几年的学术成果涵盖：纸张的具体分析（纤维分布模式、表面特性及选择特定纸张的原因等）[1]，史学与科学技术的综合研究[2]，印刷品年代及地源判定方法[3]，科技与修复[4]，以及藏文文献历史[5]等。将文献印制历史背景与纸张的科学分析相结合进行研究的学者屈指可数，赫尔曼·瓦兹尼硕果累累的学术文章及著作，展现了她不仅是将纸张分析技术引入古籍研究的创始者，更是该领域中的佼佼者。

米歇拉·克莱门特（Michela Clemente）：意大利亚非研究院、剑桥大学蒙古与内亚研究所成员，主要是对印刷本及手抄本的尾跋进行研究。他认为，在经籍研究过程中，尾跋未受到人们足够的重视，而它的重要性完全可以被视作一种文学体裁或类型[6]。除最直观的尾跋翻译与解读外，其文字行数、字体、拼写、装饰纹样或画像确实能够透露丰富的历史信息。他对特定文献的尾跋进行了全面的分析研究，进而重塑当时印刷行业概貌及社会习俗，总结印刷者、画师及书法家的信息，推断印刷目的和时代，同时与相关经籍做比较研究。除尾跋研究[7]以外，他的成果也涉及印经院风格特征与版本对比[8]，15—16世纪西藏西南地区印刷史及文献编目[9]。

① The Tibetan Kanjur Regional Patterns and Preliminary Paper Typology of manuscripts and Xylographs, 2013; The Materials of Turfan and Dunhuang Manuscripts: Analysis of Paper, Pigments and Dyes, 2013; The Choice of Materials in Early Tibetan Printed Books, 2016; Overview of Tibetan Paper and Papermaking: History, Raw Materials, Techniques and Fiber Analysis, 2016.

② Recovering a Lost Literary Heritage: Preliminary Research on the Wanli Bka' gyur from Berlin, 2009; A Preliminary Report on the Wanli Kanjur Kept in the Jagiellonian Library, Krakow, 2010; Tibetan Manuscripts: Between History and Science, 2014.

③ Historical, Art Historical, and Natural Science Approaches to Dating Tibetan Books -- Possibilities and Limitations, 2010.

④ Tibetan Books: Scientific Examination and Conservation Approaches, 2006.

⑤ Tibetan Historic Manuscripts as a Source of Information on Past Papermaking in Inner Asia, 2004; The Archeology of Tibetan Books, 2014; A Note on the Manuscript Culture of Tibet, 2019.

⑥ Clemente, M. (2007), Colophons as Sources: Historical Information from Some Brag Dkar Rta So Xylographies, Rivista di Studi Sudasiatici, Firenze: Firenze University Press, pp.121-159.

⑦ Colophons as Sources: Historical Information from Some Brag Dkar Rta So Xylographies, 2007; The Unacknowledged Revolution? A Reading of Tibetan Printing History on the Basis of Gung thang Colophons Studied in Two Dedicated Projects, 2016.

⑧ Different Facets of Mang yul Gung thang Xylographs, 2014; From Manuscripts to Block Printing: In the Search of Stylistic Models for the Identification of Tibetan Xylographs, 2011; On a Particular Aspect of the Identification of Tibetan Xylographs: Preliminary Remarks on the Importance of Craftsmen, 2017; Typology of Drawn Frames in 16th Century Mang yul Gung thang Xylographs, 2017.

⑨ A Condensed Catalogue of 16th Century Tibetan Xylographs from South-Western Tibet; Mapping Fifteenth and Sixteenth Centuries Buddhist Printed Works in South-Western Tibet: A Historical and Literary Reading, 2018.

　　亚力山大·佐林（Alexander Zorin）：俄罗斯科学学院东方写本研究所研究人员。主要致力于本学院收藏藏文文献的研究，包括文献编目[①]、历史[②]、图像[③]、字体[④]、特藏手抄本[⑤]，以及历史背景与年代判定[⑥]。个别研究也与修复、纸张纤维分析[⑦]相关。

　　此外，德国汉堡大学印藏研究系研究人员奥尔纳·阿尔莫吉（Orna Almogi）也十分重视文献研究，对修复方法与其利弊[⑧]、编目与尾跋的对比解读[⑨]、纸墨的元素分布分析[⑩]，以及古籍文献的作用[⑪]进行了探讨。意大利米兰大学的亚历山德罗·博西（Alessandro Boesi）博士精通西藏地区的植物，其文章中会探讨造纸常用的植物科属，各个地区习惯使用的植物[⑫]。其他领域的一些学者偶尔也会从事有关古籍文献的科研活动，而这些成果涵盖印制历史、纸张、字体、装帧及装饰画等。如，多杰旺楚克（Dorje Wangchuk）[⑬]、埃琳娜·帕克霍托娃（Elena Pakhoutova）[⑭]、赫尔加·于巴赫（Helga Uebach）[⑮]、希尔德加德·迪姆伯格（Hildegard Diemberger）[⑯]、詹姆斯·卡纳里（James

---

① The Collection of Dunhuang Tibetan Texts Kept at the IOM RAS, 2012; Fragments of Tibetan Texts Refound at the Dunhuang Collection Kept at the IOM, RAS: Eleven Identified Fragments of Buddhist Canonical Texts, 2017.

② Lines of Development of the Tibetan Editions of Gzungs Bsdus Collection First Printed in the Rtag Brtan Monastery Founded by Tāranātha, 2014.

③ One Hundred and Eight Buddhist Icons Kept at the Institute of Oriental Manuscripts, RAS, 2013.（注：该文以俄文书写，含英文图像描述及藏文简介。）

④ One of the First Samples of Cursive Tibetan in European Collections, 2017.

⑤ On the Rare Mongolian Edition of the Tibetan Szung Bsdus Collection, 2016.

⑥ A Collection of Tantric Ritual Texts from an Ancient Tibetan Scroll Kept at the Institute of Oriental Manuscripts of the Russian Academy of Sciences, 2013; A Dunhuang Tibetan Manuscript of "Ārya-samādhyagrottama" Kept at the IOM, RAS, 2018.

⑦ The Frist Tibetan Leaves Acquired by the St. Petersburg Academy of Sciences: Conservation Issues, Contents and Paper Analysis, 2015.

⑧ Recovering Lost Writing and Beyond: Multispectral Imaging for Text-related and Codicological Studies of Tibetan Paper and Sanskrit Palm-Leaf Manuscripts, 2015.

⑨ How Authentic Are Titles and Colophons of Tantric Works in the Tibetan Canon? The Case of Three Works and Their Authors and Translators, 2006.

⑩ Inks, Pigments, Paper: In Quest of Unveiling the History of the Production of a Tibetan Buddhist Manuscript Collection from the Tibetan-Nepalese Borderlands, 2015.

⑪ Prologue: Tibetan Textual Culture between Tradition and Modernity, 2016.

⑫ Plants Used for Tibetan Paper-making, 2014; Paper Plants in the Tibetan World: A Preliminary Study, 2016.

⑬ Sacred Tibetan, Precious Materials: On Tibetan Deluxe Editions of Buddhist Scriptures and Treatises, 2016.

⑭ Illuminated: Art of Scared Books, 2012.

⑮ From Red Tally to Yellow Paper: The Official Introduction of Paper in Tibetan Administration in 744/745.

⑯ Early Tibetan Printing in Southern La stod: Remarks on a 1407 Print Produced at Shel dkar, 2016.

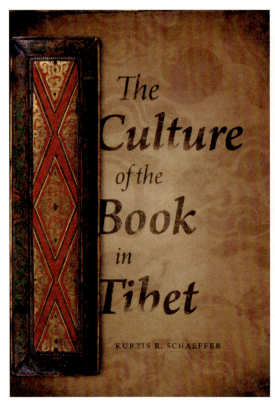

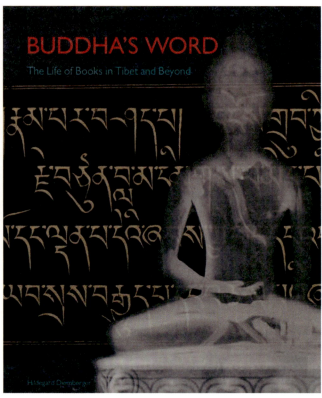

《西藏书籍文化》封面　　　　　　　　　《佛陀之语——西藏及邻地书籍史》封面

Carnery）[1]、彼得·施温格（Peter Schwieger）[2]、托马斯·瓦兹尼（Tomasz Ważny）[3]、史特丹·拉尔林（Stefan Larsson）[4]、克林堡·索尔特（D.E. Klimburg-Salter）[5]。

古籍研究受到的关注度日渐增长，这不仅体现在个人研究成果上，而且体现在展览、专题学术会议的增多上。2016 年召开的古籍研究学术盛会，研究者们提交的论文与专著之多可见一斑，如 "Tibetan Printing: Comparison, Continuities, and Change" "Tibetan Manuscript and Xylograph Traditions: The Written Word and Its Media within the Tibetan Culture Sphere"。另外，一些学院或中心也展示了它们与藏文古籍相关的专刊或专著，如俄罗斯科学学院东方写本研究所有关亚洲古籍的定期专刊 *Written Monuments of the Orient* 及藏文古籍文献在线网的系列专著 *Old Tibetan*

---

① Thingshog: Luxury Illuminated Manuscripts on Blue-black Paper, 2014.

② Some Paleographic Observations on Tibetan Legal Documents, 2016.

③ Woodblocks and Covers, 2014.

④ Prints About the Printer: Four Early Prints in Honor of the Mad Yogin of Tsang, 2016.

⑤ A Note on the Origin of Tibetan Book Cover Decoration, 1991.

Inscriptions。还有一些探讨特定藏文古籍或古籍特定层面的专著，如 *Tibetan Tantric Manuscripts from Dunhuang,The Archeology of Tibetan Books, The Culture of the Book in Tibet,Handbook of the Tibetan Iconometry: A Guide to the Arts of the 17th Century*，等等。2014 年 5 月 28 日至 2015 年 1 月 7 日，剑桥大学人类学与考古博物馆举办了一场与藏文古籍相关的展览，会后发布了 *Buddha's Word : The Life of Books in Tibet and Beyond* 一书，书中追溯了书籍在西藏地区的历史，探讨了其文化及宗教意义，解读了新科技在研究中的运用，比对了邻近地区的文本，同时也简要介绍了剑桥大学的馆藏古籍。

四、研究趋势

近些年来，越来越多的学者开始重视藏文古籍形式的研究。需要再次阐明的是，这并不表明对文字内容有所忽视。相反，文字内容无疑是所有文献中最为核心的部分，几乎所有的研究都必然要回归到最基本的文本阅读与解读上。在此前提下，越来越多的学者开始从更细致的角度出发，用更新颖的方法、多层次地研究藏文古籍，这些非纯文本解读的研究被称为形式研究。形式研究又可以细分为不同的方向，多数学者倾向于对某个细节做深入研究，这些细节可能是容易被忽视的重要信息来源。也有学者会进行跨领域或专业合作，共同研究一个课题。值得一提的是，多数研究都会涉及对文献的年代判定。针对不同的研究方向，研究方法也会有所差别。

根据研究方向，可以把藏文古籍分为：题记 / 尾跋、方法探究、图像、文本功能、语言 / 字体、修复与科技、编目、纸张 / 墨、历史 / 年代判定和版本 / 装帧这几类。这样的分类并非意味着所有涉及藏文古籍的研究都能够套入此框架中。而这些分支项往往彼此交叉，如题记 / 尾跋的研究通常涉及文献的历史及对文本年代的判定。与此同时，对本文所列的研究方向，不应局限于简要的字面意义，而是需要以更为广阔的视野来看待。比如，"历史"不仅指单一的史学研究，它可以是任何与文献相关的多维历史构建，可以是语言学视角下的历史背景，还可以是历史学与科技手段结合的综合研究；"编目"涉及的范围可大可小，它可以仅仅涵盖特定地区的印刷品，也可以是对大范围地区所有文献的编目做归纳性探究。当然，这些方向涉及的研究方法或方式并不单一。"许多文献中的前言、尾跋并不能提供可以判别文献的信息（年代、地源、制作目的等），这时便需要学科协作，结合文本内容以及材料分析的手段。"（Helman-Wazny, 2010）

上图向我们揭示了国外藏文古籍研究动态的重要性。首先，它向我们清楚地展现了当下国外在该领域的研究空缺，这促使我们探究其原因，并使我们审视国内是否也呈现类似的趋势。有关古籍

研究方向	篇目数
题记/尾跋	2
方法探究	2
图像	3
文本功能	4
语言/字体	5
修复与科技	6
编目	8
纸张/墨	9
历史/年代判定	12
版本/装帧	12
总篇目	63

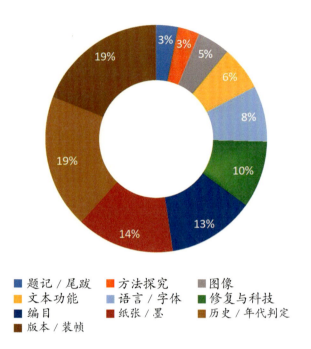

■ 题记/尾跋　　■ 方法探究　　■ 图像
■ 文本功能　　■ 语言/字体　　■ 修复与科技
■ 编目　　　　■ 纸张/墨　　　■ 历史/年代判定
■ 版本/装帧

国外藏文古籍研究方向论文分类占比

的图像研究只占整体研究的 6%。原因可能有两方面：图像在传统意义上更多地发挥了辅助文字理解的功能，因此图像研究的历史也不如文本研究久远。近代研究图像更倾向于大型的艺术品，文献中或是护经板上的插图时常被作为参考而非主要研究对象。其次，对特定研究方向的沉浸式学习，不仅能够累积资料，而且其中涉及的学科研究方法对未来的研究也有所启迪。以字体举例，国外学者时常会运用欧洲传统的写本学及手稿学研究方法，这在他们对藏文邬梅体的英文名称的选择上（cursive）也得到了体现。还有一些问题也值得思考，如学者们的最初学科关注点及原因。许多学者的研究文本都是个人所在单位的馆藏文物，近水楼台，这也促进了他们对该类别馆藏品的深入了解。这类馆藏单位的性质也间接影响了这些学者的研究方向，如身处艺术博物馆的学者研究图像的概率更高、机遇也更多。当然在各自拥有某专门领域知识储备的前提下，进行合作研究也能够带来丰硕新颖的成果。另外，如地域关注度分布、个人及整体的局限性等也同样值得思考（因篇幅所限，不做深入探讨）。总而言之，目前国外藏学古籍文献研究呈现出方向细节化、研究方法多元化的总体趋势，但研究深度仍待挖掘。

参考文献:

白张,2013.藏文古籍概论(藏文)[M].拉萨:西藏人民出版社.

克莱门特,魏文,2014.意大利的图齐藏学遗产:亚非研究院图书馆藏品中一些文献的研究综述[J].中国藏学(S1):

   145-161.

普觉·土登强巴·阿旺楚臣,2010.十三世达赖喇嘛传[M].北京:中国藏学出版社.

CLEMENTE, 2007. Colophons as sources: historical information from some Brag Dkar Rta So Xylographies,

   Rivista di Studi Sudasiatici [M]. Firenze: Firenze University Press: 121–159.

DOLTON, SCHANIK, 2006. Tibetan tantric manuscripts from Dunhuang [M]. Leiden: Brill Academic Publishers.

附：藏文古籍英文研究成果题名翻译

编号	英文题名	中文题名
1	A Tibetan Catalogue of the Works of 'Jigs-med Gling-pa	晋美林巴著作藏文编目
2	A Preliminary Report on the Wanli Kanjur Kept in the Jagiellonian Library, Krakow	雅盖隆图书馆所藏万历版《甘珠尔》的初期简报
3	A Condensed Catalogue of 16th Century Tibetan Xylographs from South-Western Tibet	16世纪西藏西南地区藏文木刻版简录
4	A Collection of Tantric Ritual Texts from an Ancient Tibetan Scroll Kept at the Institute of Oriental Manuscripts of the Russian Academy of Sciences	俄罗斯科学院东方文献研究所馆藏的一部早期藏文密宗仪轨经卷
5	A Dunhuang Tibetan Manuscript of "Ārya-samādhyagrottama" Kept at the IOM, RAS	俄罗斯科学院东方文献研究所馆藏敦煌藏文写本《圣最上三昧经》研究
6	A Note on the Origin of Tibetan Book Cover Decoration	藏文经籍护经板起源观察
7	Colophons as Sources: Historical Information from Some Brag Dkar Rta So Xylographies	将尾跋视作信息源：来自个别扎嘎达索木刻版的历史信息
8	Different Facets of Mang yul Gung thang Xylographs	论芒域贡塘木刻版特点
9	Dating Early Tibetan Manuscripts: A Paleographical Method	基于古文字学的早期藏文手抄本年代判定
10	Early Tibetan Printing in Southern La stod: Remarks on a 1407 Print Produced at Shel dkar	拉堆南部早期藏文印刷传统：对1407年喜噶印刷版的几点观察
11	From Red Tally to Yellow Paper: The Official Introduction of Paper in Tibetan Administration in 744/745	从红简牍到黄纸张：西藏地方政府744/745年的纸张引进
12	Formation and Transformation of Old Tibetan	古藏文的形成与演变
13	From Manuscripts to Block Printing: In the Search of Stylistic Models for the Identification of Tibetan Xylographs	从手抄本到木刻版：寻找辨别西藏印刷品的风格模板
14	Fragments of Tibetan Texts Refound at the Dunhuang Collection Kept at the IOM, RAS: Eleven Identified Fragments of Buddhist Canonical Texts	俄罗斯科学院东方文献研究所敦煌藏文残卷的再发现：十一部佛典文献残卷
15	Glegs tshas: Writing Boards of Chinese Scribes in Tibetan-ruled Dunhuang	吐蕃统治敦煌期间汉族抄写员的写字板
16	Handbook of the Tibetan Iconometry: A Guide to the Arts of the 17th Century	藏文度量经手册：解读17世纪美术作品
17	How Authentic Are Titles and Colophons of Tantric Works in the Tibetan Canon? The Case of Three Works and Their Authors and Translators	藏文《大藏经》密乘典籍的题名于尾跋是否可信？以三部经典的作者及译者做案例分析
18	Historical, Art Historical, and Natural Science Approaches to Dating Tibetan Books -- Possibilities and Limitations	基于历史、艺术史及自然科学的藏文书籍年代判定：潜能与局限性

编号	英文题名	中文题名
19	Illuminated: Art of Scared Books	一束亮光：神圣典籍中的绘图
20	Lines of Development of the Tibetan Editions of Gzungs Bsdus Collection First Printed in the Rtag Brtan Monastery Founded by Tāranātha	初次影印于多罗那他所建平措林寺的《陀罗尼集经》藏文版及其发展
21	On the Rare Mongolian Edition of the Tibetan Szung Bsdus Collection	一部稀有的蒙古版藏文《陀罗尼集经》
22	One of the First Samples of Cursive Tibetan in European Collections	细看欧洲藏品中最早的一封藏文草书信件
23	One Hundred and Eight Buddhist Icons Kept at the Institute of Oriental Manuscripts	简析俄罗斯科学院东方文献研究所馆藏 108 幅绘画作品
24	On a Particular Aspect of the Identification of Tibetan Xylographs: Preliminary Remarks on the Importance of Craftsmen	辨别西藏印刷品的要点：浅谈工匠的重要性
25	Overview of Tibetan Paper and Papermaking: History, Raw Materials, Techniques and Fiber Analysis	西藏的纸张与制纸过程概述：历史、原材料、技术及纤维分析
26	On the Tibetan Texts in the Ōtani Colletion	大谷光瑞藏品中的藏文写本研究
27	Old Tibetan Manuscripts from East Turkestan in The Stein Collection of the British Library: Volume II. Descriptive Catalogue	大英图书馆藏斯坦因中亚藏文手抄本研究：第二册说明目录
28	Paper Plants in the Tibetan World: A Preliminary Study	鉴别藏地造纸植物：一项初步研究
29	Prologue: Tibetan Textual Culture between Tradition and Modernity	序言：传统与现代藏文文字文化探究
30	Plants Used for Tibetan Paper-making	用于藏纸制造的植物简介
31	Prints About the Printer: Four Early Prints in Honor of the Mad Yogin of gTsang	记述印刷者的印刷品：致敬后藏疯智者的四个早期印刷品
32	Recovering a Lost Literary Heritage: Preliminary Research on the Wanli Bka' gyur from Berlin	重找消失的文字宝藏：初步研究柏林馆藏万历版《甘珠尔》
33	Recovering Lost Writing and Beyond: Multispectral Imaging for Text-related and Codicological Studies of Tibetan Paper and Sanskrit Palm-Leaf Manuscripts	失落文字的再恢复：多光谱图像采集系统在藏文写卷及梵文贝叶经文本研究中的运用
34	Sacred Tibetan, Precious Materials: On Tibetan Deluxe Editions of Buddhist Scriptures and Treatises	神圣的文字及珍贵的纸张：精装版藏文佛教典籍与注疏
35	Some Paleographic Observations on Tibetan Legal Documents	基于古文字学的藏文律令文件观察
36	Sociolinguistic Implications of the Use of Tibetan in East Turkestan from the End of Tibetan Domination through the Tangut Period (9th-12th c.)	从 9—12 世纪吐蕃控制中亚期间藏语文的使用中看其社会语言学启示

编号	英文题名	中文题名
37	Split Ergative Patterns in Transitive and Intransitive Sentences in Tibetan: a Reconsideration	重审藏语及物和不及物句的中分裂型格语模式
38	Sun and Moon Earrings: The Teachings Received by Jigs-med Gling-pa	日月之饰：晋美林巴所受教法
39	The Uses of Early Tibetan Printing: Evidence from the Turfan Oasis	早期藏文印刷品的功能：来自吐鲁番盆地的实证
40	The Uses of Implements are Different: Reflections on the Functions of Tibetan Manuscripts	实践的多种形式：藏文手抄本的功能思考
41	The Prayer, the Priest and the Tsenpo: An Early Buddhist Narrative from Dunhuang	法师、国师与赞普：一本早期敦煌佛教叙事书
42	The Present Stage of Deciphering Old Zhangzhung	古象雄语辨认现状
43	The Tibetan Kanjur Regional Patterns and Preliminary Paper Typology of Manuscripts and Xylographs	《甘珠尔》的地域性模式以及初期手抄本及印刷品的纸张类别
44	The Materials of Turfan and Dunhuang Manuscripts: Analysis of Paper, Pigments and Dyes	吐鲁番与敦煌的手抄本材料：纸、墨及染料分析
45	The Choice of Materials in Early Tibetan Printed Books	早期西藏印刷品的材料选择
46	The Archeology of Tibetan Books	藏文书籍探古
47	The Unacknowledged Revolution? A Reading of Tibetan Printing History on the Basis of Gung thang Colophons Studied in Two Dedicated Projects	未得到赏识的革新？基于贡塘木刻版两项研习解读西藏印刷史
48	The Collection of Dunhuang Tibetan Texts Kept at the IOM RAS	俄罗斯科学院东方文献研究所馆藏敦煌藏文文献研究
49	The Frist Tibetan Leaves Acquired by the St. Petersburg Academy of Sciences: Conservation Issues, Contents and Paper Analysis	俄罗斯科学院最早的藏文写卷藏品研究：修复问题、文本内容以及纸张分析
50	Thingshog: Luxury Illuminated Manuscripts on Blue-black Paper	蓝靛纸：蓝黑色纸张上书写的华丽文字
51	Typology of Drawn Frames in 16th Century Mang yul Gung thang Xylographs	16世纪芒域贡塘木刻边框类型研究
52	Tibetan Historic Manuscripts as a Source of Information on Past Papermaking in Inner Asia	从藏文手抄本觑视中亚地区早期制纸史
53	Tibetan Books: Scientific Examination and Conservation Approaches	藏文书籍：科学检测与修复方法探究
54	Tibetan Manuscripts: Between History and Science	藏文手抄本：历史与科技之间
55	Tibetan Military System and Its Activities from Khotan to Lop-Nor	吐蕃军事系统与其从于阗到罗布泊的活动
56	Tibetan Tantric Manuscripts from Dunhuang	来自敦煌的藏文密宗手抄本

编号	英文题名	中文题名
57	Towards a Tibetan Paleography: Developing a Typology of Writing Styles in Early Tibet	藏文古文书学：探究早期藏文字体的分类法
58	Tshan: Subordinate Administrative Units of the Thousand-district in the Tibetan Empire	吐蕃时期千户政策下的附属行政单位
59	Tshar, srang, and tsham: Administrative Units in Tibetan-ruled Khotan	吐蕃统制于阗下的三类行政单位
60	Varieties of Tibetan Texts from Khara-khoto and Etsin-gol: An Introductory Remark	初探源自黑水城及弱水地区的藏文文献
61	Witnesses for Tibetan Craftsmanship: Bringing Together Paper Analysis, Paleography and Codicology in the Examination of the Early Tibetan Manuscripts	藏族工艺见证：纸张分析、古文书学与手稿学在早期藏文手抄本研究中的运用
62	Woodblocks and Covers	木刻版及封板

觉囊派古籍文献出版研究综述

则玛其西

摘 要：藏文古籍作为中华民族文化宝库的重要组成部分，是中华民族共同的精神文化财富。古籍研究不仅可以了解文本本身所承载的历史及思想文化，而且可以了解不同文本所处历史语境及不同时间段的转变。藏传佛教在其传播的过程中形成了诸多教派，其中觉囊派作为13世纪中后期形成的教派，既有其他藏传佛教教派的佛教梵学的共性，又有其独特的哲学传统。本文对于我国藏传佛教觉囊派的历史及古籍文本的收藏与出版情况进行综述，以期为觉囊派及其文献研究提供参考和依据。

关键字：觉囊派；古籍文献；出版研究

一、觉囊派历史及文本概述

藏传佛教中的觉囊派是13世纪在西藏地区形成的教派，其教义可追溯至域摩·弥觉多杰提出的"他空见"思想。"觉囊巴"一词起初是指西藏日喀则拉孜县的"觉莫囊"谷地，后来因衮邦·吐吉尊追（1243—1313）于1294年到该地修行，于是开始指代在这个地方修行的人。到了14世纪早期，笃补巴·西饶坚赞（1292—1361）在这个谷地的出现，使得这里的隐士和瑜伽士逐渐形成了自己的学术传统和密宗传承体系。1330—1333 年，在建造西藏觉囊通卓钦摩大佛塔[1]的同时，笃补巴·西饶坚赞开始总结自己的禅修思想。1334 年，译师洛追贝和萨桑玛底班钦二人遵照笃补巴的指示完成了《时轮金刚密续》的新译本及其注释，即《无垢光疏》。这些译文被人们传统地认为是能

觉囊通卓钦摩大佛塔

深刻地阐释此密宗及其注释中的隐藏含义，也成为笃补巴思想及创新的文本基础。笃补巴因对印度佛教哲学文献的创新性注释而在西藏享有盛名，尤其是其对《般若波罗蜜多》和《时轮密续》的论述，更是独有一番见地。笃补巴对于佛经和密续的解读，诸如"无垢光"的论疏所衍生的宇宙学图式，阐述了他对"他空见"的认识，《囊山居法·了义海论》[2]是阐释其"他空见"思想的主要著作，"他空见"也成为觉囊派哲学传统的标志。笃补巴在世时其思想及影响力并不明显，圆寂之后却声名远扬。

16 世纪初，觉囊派在当时藏传佛教中占有一席之地，寺院达 30 余座，这在很大程度上归功于出生于洛门塘的衮噶·卓邱（1507—1566），他致力搜集整理不同教派传承体系的教法引导，著有《觉囊修法百门》（*Jo nang khrid brgya*）一书，使得觉囊派实现了一次复兴。其思想的继任者觉囊·多罗那他（1575—1635）出现时正值觉囊派的高峰期，当时的藏巴汗（第悉藏巴·彭措南杰）作为强大的施主，于 1615 年建立了达丹彭措林寺，其亦成为觉囊派重要的活动中心，其壁画及造像等艺术在藏族历史中占有非常重要的地位。多罗那他在"他空见"和"佛性"上有着独到的见解，作为藏族历史上非常重要的密宗翻译家，他将《时轮密续》和其他几种主要密宗思想汇编整理成易于理解的练习文本；《时轮根本续》对时轮六支瑜伽做了全面清晰的阐述，是对集密思想的进一步深化。

觉囊派在 16 世纪正值其顶峰，由于诸多原因卷入了当时的政治漩涡，达丹彭措林寺及卫藏地方的觉囊派被改宗成格鲁派，觉囊派失去了原有的政治地位，其主要哲学传统"他空见"也一度成

---

[1]通卓钦摩大佛塔，又译作"十万见"，即解脱塔，是西藏历史上有记载的第一座吉祥多门塔，也是形制规模最大的一座，与江孜大佛塔并驾齐驱，相传江孜"十万佛塔"是依照此塔样式建造的。详见：Victor Chan. Tibet Handbook: A Pilgrimage Guide. Califonia: Moon Publicaitons, 1994,pp.463-465.

[2]《囊山居法·了义海论》(*Ri chos nges don rgya mtsho*)，于 1984 年在印度德里出版，此后收录在 2007 年由民族出版社出版的《藏族十明文化传世经典丛书·觉囊派系列丛书》。

为禁忌。1650年，"他空见"的相关觉囊派文本及著作在卫藏地区被禁，觉囊派的著作也被禁止印刷出版（E.Gene Smith, 2001）。但是，从15世纪仁钦贝（Rinchen Dpal,1350—1435）在今四川省阿坝藏族羌族自治州壤塘县建立觉囊派曲吉伊始，觉囊派在西藏地区东部寺院遍布渐广且形成了一定的规模。觉囊派的古籍和木刻版在壤塘得以保存，现今与觉囊派有关的古籍和大师的文集很大一部分是采用了壤塘版的原稿。16世纪觉囊派在卫藏地区面临消亡，壤塘、果洛及嘉绒地区继承了觉囊派的衣钵，使之得以复兴，自此觉囊派的中心从后藏转移到了西藏地区东部。

19世纪后期，工珠·云丹嘉措、蒋扬·钦则旺波（1820—1892）等大师的出现、无宗派思想（利美运动）在西藏地区东部逐渐兴起，以及大师们所编著的《五大藏》中也包括觉囊派的文本，为觉囊派传统及其哲学思想的传播提供了机会。20世纪后期，觉囊派也出现了非常杰出的大师，诸如巴达·格勒嘉措（1844—1904）、堪布阿旺洛追扎巴（1920—1975）等，其本人及著作均在藏族近代史上具有重要的地位。

二、觉囊派古籍出版现状

（一）国外的收藏情况

从17世纪20年代开始，欧洲各国人士进入我国西藏地区，劫掠了大量的藏文典籍，先后有欧洲天主教教士、匈牙利藏学家乔马（Alexander Csoma de Koros,1784—1842），受英国雇佣的印度人达斯（Sarat Chandra Das,1849—1917）、英国的斯坦因（Marc Aurel Stein ,1862—1943）、法国的伯希和（Paul Pelliot,1878—1945）等人，从喜马拉雅山地或者我国内地辗转到达西藏地区，此后又有诸如意大利的朱塞佩·图齐 (Giuseppe Tucci,1894—1984) 先后8次到达西藏地区，其间劫走了大批珍贵的资料，其撰写的相关著作对藏学研究的影响延续至今。欧美各国皇家地理学会也曾派人奔赴我国西藏地区勘察搜集各种资料。这些被劫掠并带入西方的藏文古籍成为西方藏学研究的主要资料，为今后的研究者提供了重要的文本依据。觉囊派的相关资料在20世纪70年代开始印刷流行，主要在德里印刷出版且有部分著作被译为英文等多种语言。目前，有关觉囊派的古籍主要收藏在藏传佛教资源中心数据库，其次是在觉囊基金（Jo nang Foundation）和 Tsadra Foundation 数据库。①

　　藏文古籍在国外的各大高校和博物馆及研究中心均有收藏，觉囊的古籍文献具体收藏情况目前较难厘清，其中部分收藏于美国弗吉尼亚大学、哈佛大学、哥伦比亚东亚研究所。其余地方的收藏情况，虽然部分建有网站但是并未提供具体目录和文本，需实地考察实证。②

　　国内外各大高校和机构对藏文古籍文献的影印、扫描、录入等数字化的工作业已展开，其中TBRC 早在 1970 年就已开始进行，并成为藏书量最大的数据库。2007 年，西南民族大学与 TBRC 合作建设国内藏文古籍文献数据库，收录了 400 多位藏族大师的文集，包括觉囊派大师 3 位、格鲁派大师 216 位、噶举派大师 99 位，萨迦派 64 位、宁玛派 111 位、噶当派 12 位、夏鲁派 3 位、博东派 2 位、苯教 1 位。

（二）部分古籍出版情况

　　《觉囊古籍整理》（ཇོ་ནང་དཔེ་རྙིང་ཕྱོགས་སྒྲིག）（BDRC:W00KG0638）共有 6 卷，属于草书（dbu med）写本，2005 年出版，该资料来自哲蚌寺图书馆中有关觉囊的一些珍稀古籍，后经喇嘛耶希塔钦邱智和他的学生们的努力下再版。第一卷中缺少叶片 62、66、76 和 104；第六卷开头部分页面难以辨认；第 5、6 页是相同的文字，第 7、8 页和第 10 页是相同的文字；在第 11 页之前可能缺少部分页面。

　　笃补巴·西饶坚赞作为觉囊派著名的大师，其著作在觉囊派中占有相当重要的篇幅。1984 年不丹出版了《笃补巴文集》一卷，其主要基于不丹吉曲寺收藏的江孜宗木刻版之复制版。新版《笃补巴文集》13 卷（平装本）由中国藏学出版社于 2011 年出版。③它包括壤塘版本中的所有文本，以及在那些版本中找不到的一些新文本（这些文本由第 13 卷组成，其他则分散在其余卷中）。该

---

① 国外收藏我国藏文古籍的大致情况：英国伦敦大英博物馆收藏我国敦煌藏文古籍约 5000 卷，法国国家图书馆收藏 2500 卷，法国国立亚洲艺术吉美博物馆、日本大谷大学图书馆、京都大学图书馆也有收藏；匈牙利仅乔玛个人就收藏 38 种，俄国马洛夫收藏藏文木牍 6 支；俄国还收藏有敦煌及新疆的藏文古籍约 1000 多件，捷克东方学研究所图书馆藏 65 种（不含《甘珠尔》和《丹珠尔》在内）。此外，收藏藏文古籍的还有丹麦哥本哈根皇家图书馆、美国国会图书馆、芝加哥远东图书馆、哈佛大学图书馆、耶鲁大学图书馆、纽约大都会图书馆、纽约市公立图书馆、哥伦比亚大学图书馆和东亚研究中心、法国国家图书馆、巴黎法兰西研究院、英国牛津大学图书馆、英国剑桥大学图书馆、英国伦敦大学亚非研究院、德国国家图书馆、德国汉堡大学图书馆、德国波恩大学图书馆、瑞典斯德哥尔摩民族博物馆、挪威奥斯陆大学图书馆、芬兰赫尔辛基大学图书馆、比利时布鲁塞尔博物馆、蒙古国国家图书馆、不丹国家图书馆、日本东洋文库等。诸如 1250 年哲布尊丹巴·罗桑丹贝坚赞（Zanabazar）在达丹当曲林收到了一本非常珍贵的《般若八千颂》，蒙古文为 "Jadamba"，由 Zanabazar 带回蒙古，现收录于蒙古国首都乌兰巴托的国立图书馆。这本经书是在桦树皮上书写而成的，是该馆最为珍贵的馆藏古籍。（Don Croner.The life of Zanabazar:First Bogd Gegeen of Mongolia. Polar Star Books: Ulaanbaatar, 2020: 47）

② 据说尼泊尔国家图书馆和不丹国家图书馆也有一定的收藏，但是作者未能亲赴实地考察，因此不能提供详情。

③ 2013—2014 年，西藏百慈藏文古籍研究室整理出版了《先哲遗书》系列丛书。该丛书收集了我国 200 多名历朝历代藏族学者的代表著作，其中包括《觉囊朵布巴·多罗那他文集》13 本。

文集大约有一半的文本来自壤塘版本，其余文本主要基于新的可用资源，并辅以壤塘版本。壤塘手稿版直到 1992 年才对外开放。①几年后，壤塘印刷版也随之问世。2011 年版还借鉴了自第五世达赖喇嘛以来就被封存在哲蚌寺的旧文献和其他一些文本。2011 年版中不仅包括壤塘版本中所有笃补巴的著作，还有其弟子衮噶曲扎桑波所撰写的有关笃补巴的 12 篇传记。2011 年版的文集中并未收录 1984 年不丹出版的《笃补巴文集》，也未包括笃补巴对《时轮密续》的注释。

《衮噶·卓邱文集》，又名《衮噶·卓邱传记及历代化身转世》，1982 年在印度德里出版，共 2 卷（BDRC:W4CZ15391）。其文本来自江孜宗版藏书。草书（dbu med）写本版的《衮噶·卓邱传记》第 1 卷（ka 卷）在我国西藏地区发现后，于 2001 年进行了数字化（BDRC: W00KG04004），遗憾的是原始手稿中 62a/b，67a/b，77a/b，104a/b 等页面已缺失。2005 年《衮噶·卓邱传记》由民族出版社出版。该书在其前言中说明出版该书时并未获得原始手稿，因此部分序列与原始手稿有不对应之处。衮噶·卓邱所著的《觉囊修法百门》包含了不同教派的教法教言及阐释，该书后被工珠·云丹嘉措收录在五大藏中的《教诫藏》（Gdams ngag mdzod）中②，是协庆图书馆出版的工珠文集的第 18 卷，1972 年印刷的《教诫藏》，其原稿来自八邦寺木刻版藏本（BDRC: W21811）。工珠版本由久美朵杰翻译成英文 *Jonang: The One Hundred and Eight Teaching ManualsEssential Teachings of the Eight Practice Lineages of Tibet, Volume 18*（*The Treasury of Precious Instructions*）。萨迦法王收藏的草书写本（BDRC: W24008）于 1984 年在印度德里印刷。衮噶·卓邱和另一位觉囊派大师对《觉囊修法百门》进行了增补，形成了《觉囊修法百门传承遗补》（*Jo nang khrid brgya brgyud' debs*）（150 ff, 3 ff.），在佛教数字资源中心网站上可查阅其手抄本（BDRC:W22434），但藏本来源不详。③

觉囊·多罗那他平生著述丰富，据《藏文典籍要目》记载，有 270 多种。《印度佛教史》《时轮源流》是他的代表作。33 岁时著成的《印度佛教史》，主要讲述的是印度佛教盛行的情况和印度佛教晚期的历史。《印度佛教史》于 19 世纪中叶被译成德文、俄文，后又被翻译成中文、英文

---

① 1992 年 Matthew Kapstein 出版了《壤塘版笃补巴文集》，共 10 卷。Matthew Kapstein. The 'Dzam-thang Edition of the Collected Works (gsung 'bum) of Kun-mkhyen Dol-po-pa Shes-rab-rgyal-mtshan. Delhi: Shedrup Books, 1992. 出版详情见其前言和目录。

②工珠·云丹嘉措基于衮噶·卓邱的著作进行了扩展，增补了印度原典文本及后来西藏地区的阐释文本。吸收了噶当、萨迦、噶举、宁玛等不同的教法，先后由衮噶·卓邱和洛沃·堪钦索南伦珠等人传承。1974 年印度出版了 6 卷《教诫藏》，1982 年不丹也出版了 8 卷。Alexander Gardner, The Twenty-five Great Sites of Khams Religious Geography, Revelation, and Nonsectarianism in Nineteenth-Century Eastern Tibet [D]. United State: Michigan University, 2005, p.139, https://dnz.tsadra.org/index.php/Gdams_ngag_mdzod_Shechen_Printing/Volume_18.

③该手抄本中记载多罗那他 33 岁（1604 年）时在扎堆曲吉颇章（brag stod chos kyi pho brang）将其记录成书，具体需进一步研究。

等多种语言出版发行。①《多罗那他文集》木刻印刷版（BDRC:W3CN21368）共有 17 卷，2008年中国藏学出版社出版了藏文《先哲遗书》系列丛书，《觉囊·多罗那他文集》（第 43 页至第 87 页），便是其中一种。

巴达·格勒嘉措（1844—1904）被认为是觉囊·多罗那他和衮噶·卓邱两者的转世，是著名的觉囊派大师。其文集共 22 卷，在阿坝壤塘刻印，是乌美版，草书写本，其中包括他关于因明学著名的论著《摄类学论·悟道宝灯》（*Bsdus grwi sbyi don rin chen sgron me*），此外 7 卷是关于《现观庄严论》《般若波罗蜜多》的论疏，以及他关于金刚乘的时轮和相关密宗仪轨的权威论述。②他关于因明学的论著《摄类学论·悟道宝灯》，后收录在由中国藏学出版社 1990 年出版的雪域《先哲遗书》丛书中。

《阿旺罗珠扎巴文集汇编》10 部，是壤塘版本，由民族出版社收录在 2012 出版的《藏族十明文化传世经典丛书觉囊派系列丛书》中。该丛中收录了根噶西饶所著的阿旺罗珠扎巴大师的传记，还包括关于觉囊的历史著作《觉囊宗派源流》，此外还有关于"他空见"和佛教教义及仪轨的论述。《觉囊派教法史》于 1992 年由中国藏学出版社出版，是《先哲遗书》丛书之一。③1993 年西藏人民出版社取得了其汉译版权，2017 年青海人民出版社出版了《藏籍译典丛书》的索南才让的汉译版。

三、结论

藏文写经与甲骨文、汉简、明清故宫大库档案并列为我国近代文化史上的"四大发现"，由此可见藏文古籍的历史和文化价值。藏文古籍的搜集整理反映了国家对古籍文化的重视，也符合"百花齐放、百家争鸣"的学术和文化发展方针。藏文古籍的整理对于深入挖掘藏民族的文化和推动其发展具有很大的意义。早期的藏文古籍以佛经翻译为主，后随着佛经翻译的兴盛，有关佛教注疏、藏族哲学、历史、文学、医学、天文、历算、艺术等方面的文字资料日渐增多，成为今天藏文古籍的主要组成部分。觉囊派古籍数量众多，现今觉囊派大师的文集及相关著作也日渐增多，其中主要参考原文是壤塘版本的木刻版、手抄版，江孜宗藏本和哲蚌寺的版本，以及不丹的版本。④

---

① 1946 年王沂先生对该书进行了节译，并于 1981 年在西北民院民族研究所内部印刷。张建木先生也进行了翻译，1988 年由四川民族出版社出版。参见：徐东明，孔繁秀，董希媚.1978 年以来我国藏传佛教研究文献（藏文等译著）综述 [J]. 西藏民族学院学报（哲学社会科学版），2011, 32(6): 44–51+139.
② BDRC:W23899: https://www.tbrc.org/?locale=bo#!rid=W23899.
③《先哲遗书》丛书（Gang ljong she rig gi nying bcud）是中国藏学中心对已找到的藏族历代贤者的目录和著作中，有 2000 多位作者及其近 30000 多部著作进行整理，并计划 5 年内每年出版 10 册，1988 年开始出版发行。
④ 布达拉宫馆藏有觉囊派古籍文献，但是笔者未能赴实地考察，因此本文未引用。

目前，国内外对于觉囊派的研究日益兴起并得到了发展，研究内容涉及觉囊派教派历史、哲学思想、艺术、寺院、人物传记、文献翻译整理等诸多领域（何杰峰，2017）。国内外对于觉囊派学习研究的重要方法是对其核心文本进行翻译，采用笃补巴·西饶坚赞和觉囊·多罗那他二者的文本居多，因此也促进了觉囊派古籍的整理和相关出版工作的开展。

参考文献：

陈庆英，陈立华，2015. 元代西藏的藏传佛教觉囊派［J］.西藏民族大学学报（哲学社会科学版），36（4）：29-34+169.

何杰峰，2017. 国内藏传佛教觉囊派研究现状综述［J］.西南边疆民族研究（1）：130-135.

益西拉姆，2014. 藏文古籍文集文献及其保护研究现状综述［J］.中华文化论坛，（12）：93-97.

保护与利用

BAOHU YU LIYONG

浅谈布达拉宫馆藏梵文贝叶经写本保存现状及预防性保护

次仁玉珍

摘　要：布达拉宫珍藏着内容丰富、卷帙浩繁的文献典籍，保护好、研究好、利用好这些文献典籍是我们文物工作者的历史使命和重要任务。布达拉宫古籍文献保护工程从基础工作出发，在已完成对布达拉宫馆藏贝叶经的整理、编目和前期调研工作的基础上，对现有馆藏贝叶经采取了更加全面有效、科学规范的保护管理措施。

关键词：布达拉宫古籍文献；贝叶经；梵文古籍

布达拉宫珍藏着近 40000 函的古籍文献，内容极为丰富，包括用金银汁书写的《甘珠尔》《丹珠尔》、历代达赖喇嘛文集、各教派历史渊源、高僧大德传记，以及藏族历史文化、医药学、天文历算等内容。其中极为珍贵的贝叶经也基本保存完好。贝叶经保护是一项国家文物保护工程，布达拉宫于 2008 年 4 月对馆藏贝叶经开展了详细的整理和编目工作，共统计出 464 函贝叶经，其中 78 函为藏纸。

一、贝叶经的基本概况及重要意义

（一）贝叶经名字的由来与内容

贝叶经是书写在贝多罗树叶（棕榈树叶）上的经文。并非所有的棕榈树都适合制作贝叶，糖棕树和贝叶棕树为主要的制作原料。贝叶的制作方法来源于古印度，距今已有 2500 多年的历史。古代印度没有造纸术，人们记事往往使用多年生的贝多罗树叶。贝叶的制作方法各地有区别，一般是将生贝叶卷放入水中煮，再把煮好的贝叶卷取出，展开、晾干。贝叶卷完全晾干后，需要进行平整、打磨、抛光等工序。佛教徒们也用贝叶书写佛教经典文籍和绘制佛像，"贝叶经"的名字由此而来。其内容主要有古印度文学、法典、语法、佛法经典、因明逻辑，以及医学、戏剧、天文历算等。我国西藏地区保存的贝叶经大多是公元 7 世纪至 13 世纪的，其中 10 世纪到 13 世纪的较多，也有极少数 4 世纪到 5 世纪的，有的是 7 世纪至 13 世纪的孤本、珍本类收藏本。

（二）贝叶经写本的规格及包装

贝叶经的规格不取决于它的册数和内容的多少，其长短有别，宽窄各异。通常有特长条、长条、中长条、短条等类型，最长的约 60 厘米，最短的约 6 厘米。一般长条板的经书上有两个小孔，短条板的经书上有一个小孔，这些小孔是用来穿线的，用线把一本经书所有中页面捆在一起，防止经书散失。贝叶经的装帧借鉴了前人的经验，利用传统方法，进行统一的包装，并配有精美的木质或彩绘木质的经书夹板，其作用是方便携带及保护经书。另配有用棉布和绸缎制作的包经布和木质囊匣，主要是起防尘、防虫等作用。醒目的函头标签写有梵藏文目录（内容提要），方便读者、研究者查阅。

布达拉宫馆藏双孔贝叶经

（三）贝叶经写本的文体种类

布达拉宫文研科的平措次旦老师专长于梵文研究，他告知笔者梵文共有 64 种文体，多数未传入西藏地区，今天我们能见到 15 种文体，其中如天城、乌都、僧伽罗、兰扎等 10 种文体可在布达拉宫馆藏贝叶经中见到，为历史学和语言学的研究提供了可靠的实证和依据。

（四）贝叶经研究的重要意义

梵藏翻译历史悠久，仅文字史料可查的就有 1300 多年的历史。随着佛教传入而兴起的梵藏翻译极大地丰富和发展了藏族传统文化的内涵，促使古老的藏族文化得到了新的发展。由梵文译成藏文的珍贵经典有千余部，从事此项工作的藏族译师也有 2000 余人。藏族传统文化中大小五明的基础理论部分均译自梵文。

西藏地区现存的梵文贝叶经是古印度文化和我国藏族传统文化交往的历史见证，也是国内外社会科学和南亚文化圈中极具高学术价值和开发潜力的古文献典籍。因此，它对于了解和研究中印的交流史与印度梵文文化对我国中原文化和藏族传统文化的影响有着重要的社会历史意义和学术意义。

二、布达拉宫馆藏贝叶经的基本情况

（一）布达拉宫馆藏贝叶经的内容

布达拉宫馆藏贝叶经按内容大致可以分为般若部、经部、续部、因明、声明、医方明、吠陀经、赞颂经、诗学、辞藻，以及戏剧、星象学、辞典、杂部。另有 14 函零散未定名的贝叶经。其中，般若部、续部、因明学、吠陀经篇幅较长，般若部汇集了广中略般若部内容，续部内容有吉祥金刚怛特罗释、瑜伽宝鬘喜金刚语释、最根本初佛所现本续王吉祥时轮，吠陀经包括薄伽梵富兰纳、数论派经典、真性良缘、吉祥毗湿奴赞等。西藏得天独厚的地理环境、干燥的高原气候非常适宜贝叶经的存放，佛教僧人历来把梵文贝叶经看作无比神圣的珍宝而加以供养和礼拜。西藏地区较大的寺院一直有学习梵文的传统，这也使得贝叶经在西藏地区得到了妥善的保存，流传至今。布达拉宫作为西藏贝叶经保存数量最多的收藏单位，肩负着重要的责任和义务，我们应当更好地保护、传播贝叶经。

（二）布达拉宫馆藏贝叶经的保存现状

贝叶经保护工作作为国家级重点项目，2008 年 4 月由中国社会科学院牵头，中国藏学研究中心和西藏社会科学院参与，布达拉宫文研科的平措次旦老师等 3 人协助对贝叶经进行整编。笔者也很荣幸地成为其中的一员。我们将原先存放在布达拉宫东大殿对面绸缎库上方的贝叶经库房中的贝叶经，全部搬迁至空间较大、安全性更好的新库房，并对其进行整理统计。统计的结果是布达拉宫的贝叶经有386函、藏纸78函，共464函。其中，386函贝叶经中有96函为旧，藏纸78函中有27函为旧，20多函贝叶经因受潮粘连成了残片包，部分贝叶经存在残缺、开裂、字迹模糊、虫蛀等情况。

贝叶经整理建档现场工作

（三）布达拉宫馆藏贝叶经编纂成果

对贝叶经开展保护工作的目的是既要保护好稀世珍宝，又要全面掌握贝叶经的基本情况。目前《布达拉宫珍藏贝叶经写本总目录》《32部贝叶经影印大全》已编纂完成，全面呈现了布达拉宫馆藏贝叶经的相关信息。为了使贝叶经得到更好的保护，我们本着"保护第一"的原则，借鉴前人的经验和传统方法，对贝叶经进行了统一的包装，新配了经夹板332对、囊匣250盒、包经布412张、包经绸缎334张、绸缎目录412个、陈列展示柜2个，温湿度记录仪1台；还制作了精致的传统藏式风格的贝叶经专柜，购置了电脑、桌椅及阅读灯、放

新制贝叶经包经布

大镜等办公设备。另外，按照可移动文物信息网平台的要求，464 函贝叶经的数据采集、录入、照片上传等工作也顺利完成。

三、布达拉宫贝叶经的预防性保护工作

布达拉宫馆藏国家一级文物贝叶经 464 函，占西藏地区贝叶经存量总数的一半以上，也是国内贝叶经保存数量最多的文物收藏单位，现正循序渐进地开展馆藏古籍文献预防性保护工作，并成立了两个古籍建档小组为预防性保护工作提供基础资料和依据。

2019 年 1 月 13 日至 22 日，布达拉宫古籍文献（贝叶经）保护利用项目组对馆藏古籍文献进行了前期的调研工作，按照国家文物局《馆藏纸质文物编写规范》的要求进行，其主要目的是为布达拉宫馆藏古籍文献抢救性保护修复工作挑选第一期实施对象，包括搜集资料、档案整理、信息采集及文物编号等工作，从第二经书库中挑选出符合要求的 44 函古籍文献。

2019 年 1 月 24 日，中国文化遗产研究院的专家对贝叶经本体进行了研究，对贝叶经掉下来的纤维和碎渣进行取样检测及分析，查看文物本体的现状和病害情况。另外，对存放古籍文献的各个库房进行了全面的了解和调查，对制作的木柜、经夹板、包经布及囊匣进行取样，分析其材质是否有利于古籍文献的保存，根据检测报告的结果，制订了全面精准的保护方案及详细的实施计划。

四、对馆藏贝叶经保护工作的几点探讨

对贝叶经的保护是国家的重点保护项目，应当深思熟虑、因地制宜，不仅要分析研究对策和方法，而且要总结和认识各种不利因素对它的影响。结合工作中的实际情况，以下几点还需要我们认真思考和总结。

（一）必须高度重视并改善贝叶经的保存环境

布达拉宫管理处借鉴前人的经验和传统方法，对现有的贝叶经进行了统一包装，重新配置了囊匣、包经布及函头标签，将贝叶经全部搬迁至新库房并存放于新的藏式木柜中。由于贝叶经整理和编目后其数目增加，新的藏式木柜空间较小，将囊匣叠放于柜中十分拥挤，给文物的研究和管理带来了极大的不便，需扩大库房面积，购置规格尺寸更大的木柜和囊匣。需根据检测报告，制订科学的保护方案，认真研究病虫害的主要来源，引进新型技术设备，提高贝叶经保存环境的安全性，以延缓贝叶经的老化、劣化，达到理想的保护效果。

（二）必须进一步加强贝叶经的研究及人才培养

目前，对贝叶经的保护、研究工作十分滞后，仍然缺少科技手段和专业研究人员，尤其是权威专家匮乏，自主研究能力较弱。布达拉宫的贝叶经藏量居西藏地区首位，鉴于此，提高贝叶经的研究水平更显得重要而紧迫。我们需及时了解国内外贝叶经研究的最新动态，主动与权威专家及科研机构联系，建立长效机制与长期合作关系，培养研究贝叶经的骨干队伍，为研究工作奠定稳定的人才基础。

（三）必须建立章程、完善制度、加强管理、妥善保存

贝叶经质地较为脆弱，所以在防范自然损害的同时，也要警惕保管工作中无意的人为损害，避免过度接触。对贝叶经的研究均应使用影印件等资料，原件不得作为直接的研究资料，对孤品、易损、已损的贝叶经进行合作研究时，必须严格控制，谨慎实施，坚决禁止贝叶经及其他梵文文献原件出境，认真落实安全责任制度，加强日常监管和排查工作，完善保存条件和基础设施，在日常工作中做到最小干预、审慎使用、妥善保存。

（四）必须健全数字化监管，认真处理保护和利用之间的关系

随着时间的流逝，古籍文献将越来越稀少，鉴于此，对古籍文献实施数字化管理凸显出更为重要的意义和价值。要利用现代高科技对古籍文献进行数字化处理，实现其内容的快速检索，便于读者查阅，同时优化监管制度和条例，改变信息分散的现状，建立古籍文献数字化图书馆，以达到永久保存古籍文献的目的，从而充分继承和发扬优秀文化遗产。

布达拉宫馆藏古籍文献扫描、数字化录入现场

五、结语

　　布达拉宫珍藏着约 40000 函的古籍文献，它们分布在大小各殿、库房和地垄中，对于这些珍贵的古籍文献进行全面系统的调查、登记、建档工作，需要制订科学的策略和措施，建立馆藏古籍文献预防性保护风险评估及预控机制。另外，认真规划病虫害检测和保护修复工作是下一步工作的重心。这需要认真把好修复人员的考核测评关，汇总好试验性修复评估的问题，建立健全古籍文献数据库，充分发挥其在共享资源、服务公众、教育公众、文化传承等方面的作用。

参考文献：

马金香，2015. 预防性文物保护环境监测调控技术［M］. 北京：科学出版社.

索朗曲杰，2018. 西藏贝叶经研究［M］. 拉萨：藏文古籍出版社.

关于布达拉宫古籍数字化保护的几点思考

阿央章态

摘　要：布达拉宫馆藏古籍具有存量大、内容丰富、年代久远、文献价值高等特点，由于各种原因，其中也有不少亟待抢救和保护的古籍。然而，布达拉宫古籍科技保护工作尚处于起步和探索阶段。因此，本文基于布达拉宫馆藏古籍对其数字化保护的几点思考进行阐述，以期在布达拉宫古籍保护工作中发挥借鉴作用。

关键词：布达拉宫；古籍保护；数字化；数据标准

古籍作为珍贵的物质文化遗产，蕴含着中华民族的精神、思维方式、想象力和创造力，它不仅是中华文明绵延数千年、多元一体、一脉相承的历史见证，也是整个人类文明的瑰宝（周爱莲、王晶静、张毅，2015）。布达拉宫藏有 66000 余部古籍文献和 460 余部贝叶经，这些藏书中除藏文《大藏经》外，很少有重复性的收藏，文献价值非常高。然而，由于受到人为和自然因素的影响，部分古籍存在不同程度的损坏，亟须采取现代新兴科技手段对它们进行修复和保护。

目前，古籍保护工作主要采取两种措施：一是结合传统修缮手段与科技手段对古籍进行修复、加固及改善藏书环境等手段的原生性保护措施，二是通过现代技术、数字化手段将古籍内容复制或转移至其他载体，以达到对古籍长期保护与有效利用之目的的再生性保护措施。布达拉宫馆藏的绝大部分古籍属于珍贵文物，其中不乏孤本、绝本，部分珍品的保存状态不容乐观，需进一步保护。布达拉宫传统的古籍保护手段已经不能满足或不适合部分古籍，随着国内外古籍数字化技术的日益成熟和完善，以数字化手段进行再生性保护已然成为今后布达拉宫古籍保护工作的主要方向。数字

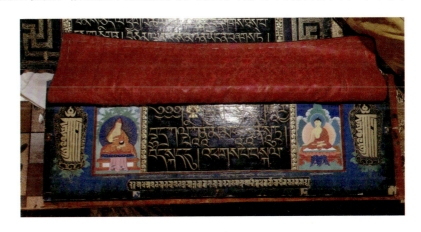

化保护工作对完整地构建与传承西藏社会记忆具有重要的现实意义。

一、数字化与数据采集

古籍数字化就是从利用和保护古籍的目的出发，利用计算机技术将古籍的装帧、印刷、版式等艺术形式和文本内容等信息转化为电子数据，进而对古籍文献起到保护作用，并可以无限利用其价值。数据的采集是一切数字化工作的基础，是文献数字化工作的起点，古籍文献信息的采集包括文本、画面及其几何信息、色彩信息、结构信息等，完善的古籍数据信息除了文本数据和画面信息等基础数据，还包括体现立体信息、综合特征的三维数据等信息。

（一）文本与字符集的统一

目前，藏文的信息化水平还比较低、信息技术还需提高和完善，藏文文本数据的录入和识别工作存在一些问题，文本数据采集时应及时做好规避工作。由于初始的藏文编码没有统一的国际标准，藏文在信息化过程中产生了多种编码。这些编码各不相同且互不兼容，使得用户之间无法很好地传送、交换数据文件，给用户带来了极大的不便。

布达拉宫馆藏《甘珠尔》扉页

1997 年 7 月，我国诞生了第一个藏文国际标准编码，2007 年的 "Windows Vista" 操作系统开始 PC 操作系统一级支持藏文，为解决藏文编码混乱的问题提供了强有力的技术支撑，藏文国际编码字符集 "Unicode" 标准及元数据标引规范 "Dublin Core" 标准的制订为藏文信息资源共享提供了技术支持。但由于个人输入习惯等原因，目前仍有很多人使用非国际标准的藏文编码。

布达拉宫收藏的古籍文献数量庞大，在对其进行数字化的过程中必然有大量的文本录入工作，其中藏文录入是基础。在实际的文本录入工作中，有些录入人员会根据个人喜好选择并非基于藏文编码字符集国际标准 ISO10646 和与之一致的国际标准 Unicode 而设计的软件，从而造成不必要的数据损失和成本浪费。可见使用统一的藏文国标码对于藏文古籍信息化建设而言至关重要，做好这项基础性工作也是建立藏文文献数据资源库的第一步。目前，已有科研机构和公司开发出多种基于藏文标准码的藏文字体和输入法，较为常用的输入法主要有操作系统支持的我国藏文、不丹宗喀和威利（Wylie）等藏文输入法。

布达拉宫馆藏《甘珠尔》扉页

（二）页面与平面镜像获取

布达拉宫馆藏古籍不仅内容丰富，而且每个年代、不同版本的纸张、文法字体、插画、版式都有其地方特征和时代特点，具有较高的研究价值。因此，藏文古籍数字化保护工作应当在最大限度地延长古籍寿命的前提下，兼顾其在美学和研究中的双重价值（徐晓静，2011）。为了充分展现藏文古籍的艺术价值，数字化扫描无疑是解决藏文古籍再生性保护的最有效手段。以 TIFF 等高位彩色的图像格式实现取图精细化是体现古籍综合特征的必要元素，因此在古籍扫描工作中应尽可能提高图像质量，以便将来能更好地开发利用。

古籍数字化保护工作旨在利用高科技的手段对纸质文献进行保护。然而数字化扫描对馆藏贝叶经等年代久远的文献和纸质轻薄易碎文献具有损坏性，因此，在古籍数据化扫描工作中，如何减轻对古籍原本的伤害是工作中需注意的首要问题。

开展古籍数字化工作就意味着每本古籍至少会面临一次拆分和封存，但是贝叶经等古籍因储存环境、年代久远等因素已变得非常脆弱，拆分和二次包裹都会产生一定程度的损坏。因此，对易损古籍页面的取像工作应尽可能一次成功，避免重复操作。同时要结合传统保护手段，及时做好原件的还原、修复、保存工作，不能因采集数字信息而损坏、丢失原件。

布达拉宫馆藏古籍版本多样，抄本、刻本均有，纸张的年代、质地各异，如此就要根据古籍的具体情况有选择性地进行扫描或通过其他途径实现数字化。如馆藏古籍《十三世达赖喇嘛传》（文献编825）纸张轻薄，很多页面有正反两面，由于文献被翻阅的次数较多，很多页面出现了透字现象，这给数字信息采集带来了极大的困难。对透字的处理方法一般是在书页之间加"衬纸"，对于破损不严重且纸张质量相对较好的古籍，此方法可行性较强。衬纸因与古籍材质不一，在抽取的过程中很容易把原件划破，故需要根据原件的状态选用适合的衬纸。另外，面对《拉日洛桑炯奈论著》（文

布达拉宫馆藏古籍《拉日洛桑炯奈论著》（局部）

献编号 825）纸张松脆、墨迹易脱落、字迹模糊，贝叶经破损严重、经叶粘连等问题时，便要考虑是否要数字化或如何实现数字化，每一个工作步骤都需要根据古籍原件的具体情况和数字化技术的程度采取相应的措施。

（三）三维数据构建在古籍数字化中的必要性

布达拉宫馆藏古籍除了数量多、内容丰富，还有精品多、文物级别高等特点：有明永乐时期的朱砂、金汁版《甘珠尔》，还有金、银、松石等各种珍宝汁书写的精美而华丽的雕版经书，年代悠久的梵、满、蒙、巴利、乌尔都文等古代周边国家、地区以及西藏本土的早期手抄本、明清时期中央政府的宫廷御制经书，西藏及其他地方各大印经院印刷的上乘品等。

各个时期不同地域的古籍的版本、字体、插画及护经板、护经布、装饰、刻纹的艺术特征都是数字化信息采集的内容，仅仅提取文本和扫描成图采集不到最好的效果，布达拉宫馆藏《大藏经》中有的佛像插画、扉页设计和整体装饰非常精美。为了全方位展现古籍的艺术特征，除了采用高清摄影技术和扫描技术，部分珍贵的古籍还应当利用摄影测量技术采集二维影像数据，再通过专业软件生成三维重建数据。该方法可以清晰、完整、准确地获取文物的几何空间特征和色彩纹理特征，在文物色彩纹理还原上表现最好（王志等，2017）。

古籍立体数据是建立布达拉宫数字图书馆、博物馆的必要元素。目前，故宫博物院、敦煌研究院等文博单位将这种技术应用于文物立体镜像及其场景的数据采集和数字博物馆建设方面。布达拉宫的一些珍贵古籍也可适用这种技术进行数据采集和 3D 建模，从立体角度完成贝叶经的虚拟呈现，形成影像库，以及结合 VR 技术，以电子图书的形式模拟用户翻阅原件的阅读方式，提升布达拉宫

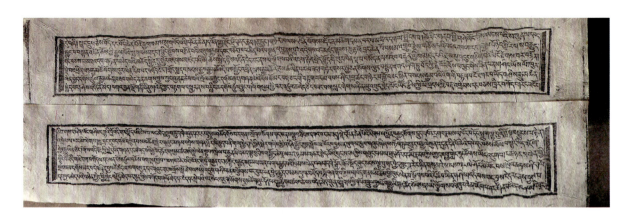

布达拉宫馆藏古籍《五世达赖喇嘛自传》（局部）

古籍文物的立体感和逼真性。

二、数字化保护与共享

藏文文献的数字化标准体系建设是依据国家档案文献数字化规范，以及藏文文献数字化标准，从著录格式、标引规则、数据指标、符号表达与转换、流通规则，以及软件和硬件系统的兼容性等方面（李子、张森、邓玲，2011）[②]，依照现有藏文古籍数字化标准来建立藏文古籍信息数据库，对实现资源共享起着关键性作用。这样既有利于实现藏文数字图书馆系统与其他系统数据库之间的转换和互联、互访，又为用户节约了检索时间和费用，提高了检索效率，有利于实现共建共享的目标。

（一）充分利用技术资源

虽然藏文数字化标准尚不完善统一，但可以在现有的工作基础上进一步探索和完善藏文文献数字化标准体系建设。并且布达拉宫古籍数字化过程中的计算机信息技术方面可采用和借鉴国际国内科研机构、图书馆等研究单位制订的古籍文献存储、标识和传输的统一标准以及其操作管理平台及系列软件系统，尽量实现数据库管理系统的标准化，避免重复开发、实现资源共享。此外，在场地选择、各种设备的配置、器材的选用等硬件设施和团队构建方面，也可以采用和借鉴国际国内一些发展水平高、工作体系比较成熟的单位和开发公司的经验做法。

目前，国内外一些民族高校、出版社、研究机构、图书馆等相关藏文信息技术的单位已经取得了很好的成绩，此外，美国国会图书馆藏文信息库、西藏佛教中心藏文信息库等机构也有较好的技术和方法，这对布达拉宫古籍数字化资源建设工作有很好的借鉴作用。因此，布达拉宫应结合自身的古籍文献优势，进一步加强与中国藏学研究中心、各民族高校、图书馆等国内外相关机构的合作，实现优势互补，共建共享藏文古籍信息资源库，进而建立完备的布达拉宫古籍数字化工作体系和资源库。

（二）数据信息资源共享

建立便于检索和阅览的目录索引是古籍数字化工作中的关键步骤，而布达拉宫的藏文原始档案信息和数字信息都是数字化工作中的重要资料。充分利用布达拉宫现有的藏文目录档案是当前实现古籍数字化的重要数据和依据。布达拉宫的传统建档模式是在长期的建档工作过程中摸索出来的，其信息采集方法更多是基于藏文古籍的内容、版本、学科分类等特征进行选取，有其特有的建档逻辑和优点，在建立完善古籍电子信息的索引目录时值得借鉴和参考。

在几代布达拉宫文物建档工作人员的辛勤努力下，布达拉宫藏书的编目和基本信息的登记工作以藏文建档方式完成全部建档，整理出版了四部馆藏文献文集目录，还设有专门的四处藏书库。藏书库和各殿堂共藏有汉、藏、满、蒙、梵等文种的39288部古籍文献，其中馆藏460多部贝叶经，总数近30000叶。近年来，随着全国可移动文物普查和布达拉宫馆藏古籍整理工作的开展，古籍数字化登记建档工作也随之展开，目前已完成2029函29929册的古籍信息数字编目和登记工作。这些数据信息都是实现古籍数字化过程中必不可少的原始数据和重要依据。由此看来，在建立布达拉宫古籍索引目录或其他数字化工作中如何利用布达拉宫的现有古籍数据，从而更好地结合藏文古籍档案信息是需要研究和实施的一项基础工作。

（三）共享与保护

布达拉宫馆藏藏文古籍的质量和数量在全球范围内是首屈一指的，还未有哪个藏书机构能与之比肩，鉴于此，在共建共享古籍数据库的同时应当进一步提升布达拉宫特色古籍数据库的安全保护工作，维护共建单位在数字化权、著作权、隐私权和开发权等方面的合法权益。另外，布达拉宫作为近代西藏地方政府的中枢机关，也藏有不少历史资料和地方政府档案类资料，随着古籍数字化工作的深入开展，一些文献的泄露风险也随之加大，有些文献应当按照国家相关保密规定进行管理和利用，适宜公开的可依法公开。

布达拉宫内收藏有内容丰富的文献典籍，这是西藏人民千年来累积而成的重要文明成果，是布达拉宫的重要组成部分，是西藏悠久历史、灿烂文化和丰富人文精神的生动写照，更是中华民族悠久历史文化的见证。保护好、利用好布达拉宫古籍文献无疑具有巨大的历史和现实意义。

参考文献：

华林，石敏，李帅，2017. 基于数字档案馆建设理念的西藏藏文档案文献遗产数字化资源共建研究［J］. 西藏大学学报（社会科学版）（1）：128–133.

李子，张淼，邓玲，2011. 构建西藏自治区文献信息资源共享体系的几点思考［J］. 西藏科技（2）：77–80.

王志，孙升，唐仲明，等，2017. 基于倾斜摄影测量技术的明中都城午门遗址三维重建［J］. 安徽建筑大学学报（1）：34.

西藏布达拉宫管理处，2014. 布达拉宫藏品保护与研究［M］. 成都：四川民族出版社：4.

徐晓静，2019. 古籍修复技艺之书页清洗去污——从参观"中国传统文化典籍保护传承大展"谈起［J］. 文物鉴定与鉴赏（23）：74–79.

张彦博，刘刚，王芬林，2007. 全国文化信息资源共享工程的创新实践［J］. 数字图书馆论坛（1）：1.

周爱莲，王晶静，张毅，2015. 国家农业图书馆古籍保护的现状与思考［J］. 农业图书情报学刊（1）：10.

布达拉宫馆藏古籍保护与利用

边巴洛桑

摘　要： 布达拉宫馆藏文献浩如烟海，藏有贝叶经、明永乐《甘珠尔》及历代高僧学者的巨著典籍等珍贵文献；专设的文献库房就保存着 26917 部珍贵的古籍文献，由此可见布达拉宫文物保护和研究工作的重要性。基于这样的现实，本文从布达拉宫古籍文献的主要来源、建档工作、保护现状及文献数字化规划大纲四个方面谈谈布达拉宫古籍文献的保护与利用。

关键词： 布达拉宫；古籍文献数字化；古籍文献科学保护

举世闻名的布达拉宫矗立在青藏高原之上，是西藏腹地十分重要的宗堡式建筑。新中国成立以来，布达拉宫成为第一批全国重点文物保护单位和世界文化遗产，政府投入了巨大的人力物力加强对布达拉宫建筑和馆藏文物的保护。布达拉宫现有馆藏文物包括佛教造像、唐卡、瓷器、丝绸、古籍文献等珍贵文物十万余件，是一座名副其实的文化宝库。布达拉宫馆藏古籍文献是人类历史发展过程中各民族长期互通往来的经验总结和智慧结晶，是研究藏族传统大小五明文化最具价值的资料来源，更是研究西藏及中原、南亚、中亚等不同文明交往史的重要资料。可以说布达拉宫是整个西藏地区乃至全世界有关藏族文物藏量最丰富的地方，也是"一带一路"建设中的一个重要文化窗口。然而，与全国其他城市相比，西藏文物保护和研究起步较晚，专业文物工作队伍迟迟未能建立，多数文物兼具宗教和文化两种属性，长期保存在各大寺院和库房内未能走出"深闺"。

众所周知，西藏地区是古籍资源大区，传世古籍历史久远、卷帙浩繁。古籍收藏单位以寺院为主，达千余家，其中布达拉宫馆藏的古籍文献更是题材丰富，数量众多。保存有汉、藏、满、蒙、梵等共 39288 部古籍文献，居全国之首，其中馆藏 460 多部贝叶经，总叶数约 30000 叶，约占西藏所藏贝叶经的半数以上。还藏有几十套不同版本的《大藏经》，其中包括明永乐八年（1410）印制的朱砂版《甘珠尔》。另有 12 266 部历代高僧、学者的珍贵典籍保存在各个殿堂内。除此之外，在专设的文献库房中还保存有 26917 部珍贵的古籍文献。

布达拉宫馆藏古籍自 17 世纪五世达赖喇嘛时期起，曾不分宗派地对各大教派大德的著作进行过全面系统的编目整理，并且在布达拉宫、哲蚌寺、噶丹平措林等建立了印经院以抢救和传播珍贵的文献。1959 年前后，拉萨及周边各寺院、拉章、贵族府邸、大商家中的文献典籍集中存放在布达拉宫各大小殿堂内，1978 年在党的号召下，古籍整理出版工作全面启动，布达拉宫组织了一批格西喇嘛开展分组整理工作，但受人力条件的限制，古籍文献整理工作仅限于编目和文献的归类汇总。

一、布达拉宫古籍文献的主要来源

（一）哲蚌寺罗汉殿文献库

17世纪蒙藏联合势力建立了甘丹颇章地方政权，五世达赖喇嘛成为政教合一的最高领袖。1645年，以林麦夏仲为首的僧俗官员提议在红山上建造布达拉宫，同年3月25日举行相关仪式后正式动工，完工后地方政府中心从哲蚌寺搬至布达拉宫，一批文献亦随之至此。哲蚌寺罗汉殿原藏藏文古籍文献是经过详细编目整理的，如编目按照藏文十三字母顺序分类，另采用藏文"「ᦡᦂᦈᦊ」"或"「ᦕᦈᦊᦂᦊ」""ᦕᦊ"（外）来表示这些文献来源于其他寺院。"ᦕᦊᦈ"（内）表示是哲蚌寺所藏文献，"ᦂ"表示内容来自《时轮金刚续》，后面的数字表示文献的数量，诸如此类。虽然此目录至今不清楚为何人所编写，但是我们从中能够了解到当时藏文古籍编目的结构和样式。目前，哲蚌寺藏有6000多部文献，后期部分文献运到北京民族文化宫，直到20世纪80年代末，在十世班禅的努力下部分文献又再次运回西藏，分别收藏于色拉寺、夏鲁寺、扎什伦布寺、罗布林卡。

哲蚌寺编目古籍文献

（二）历代达赖喇嘛祝寿或转世灵童坐床典礼时书写的《大藏经》

1689—1693年，第司·桑结嘉措为五世达赖喇嘛显身灵童书写了111部《甘珠尔》；1683年，在擦瓦佐岗（ཚ་བ་མཛོ་སྒང་།）按照江孜版书写了111部《甘珠尔》。同年在洛绒宗地方（ལྷ་རོང་རྫོང་།）书写了111部《甘珠尔》，在今天定日县协噶尔地方（ཤེལ་དཀར་མི་འགྱུར་རྡོ་རྗེའི་ཞིང་།）书写了111部；沃卡达孜地方（ཕ་འོལ་དཀའ་སྟག་རྩེ།）书写了111部；1684年，在弥久伦地方（ཕོ་བ་མཆི་འགྱུར་སྤུན་གྲུབ་རབ་བརྟན།）书写了111部《甘珠尔》；同年在林芝德木桑阿曲宗（རི་ཚོ་གསང་སྔགས་ཆོས་རྫོང་།）书写了111部《甘珠尔》；1685年，在沃卡达孜地方（འོལ་ཁ་སྟག་རྩེ།）书写了111部《甘珠尔》；1686年，在谢通门庄园（བཞད་མཐོང་སྨོན་གཞིས་ཀ།）书写了111部《甘珠尔》；1689年，在琼结（འཕྱོང་རྒྱས་འཕྱིང་དབར་སྟག་རྩེ།）地方书写了111部《甘珠尔》等，这些都收藏于布达拉宫仁增拉康和五世达赖喇嘛灵塔殿内。

《七世达赖喇嘛传记》《七世达赖喇嘛灵塔殿文物清册》等中记载，藏历铁龙年（1760），扎萨克·尼玛坚参、大智者洛桑诺布等出资，为七世达赖喇嘛早日显身灵童，以江孜版《甘珠尔》为蓝本，用金汁在蓝靛纸上书写了108部《甘珠尔》。整个印刷工程使用了一万两千六百五十多两白银。乾隆皇帝得知此消息后，赐予了一批经书带，经书带用不同颜色的丝棉线斜纹交叉编织，长134.8厘米，两端安有鎏金铜环扣。经书首页采用叠纸法，经书函配有红、绿、黄三种上乘织锦，黄色锦缎上面用红线刺绣了书号及名称。首页两侧有泥塑涂金上师像，分别是泥塑家多杰次旺和贡次。藏文书名由著名书法家艾巴帕卓题写，采用泥金"萨泽"手法，极具立体感。

据《八世达赖喇嘛传》记载，乾隆皇帝去世后的第二年，即藏历猴年（1800），奉八世达赖喇嘛的指令，颇罗鼐以纳塘版《丹珠尔》为蓝本，命人用八宝汁书写了213部《丹珠尔》。文献长方形散页，蓝靛纸，用金、银、铜、铁、绿松石、珊瑚、青金石、海螺八种珍贵天然物质制成的汁两面书写而成，字体工整秀丽。木质护经板涂有朱砂，其边缘饰有錾刻花纹的铜箍。每部都用五种锦缎重叠封幔，黄色四合如意云纹暗花缎质包经布包裹，首页两端绘制本尊佛像，中间用泥金"萨泽"手法写有立体感较强的书名。此外，《强康文物清册》《八世达赖喇嘛传》《甘珠尔目录》等中记载，

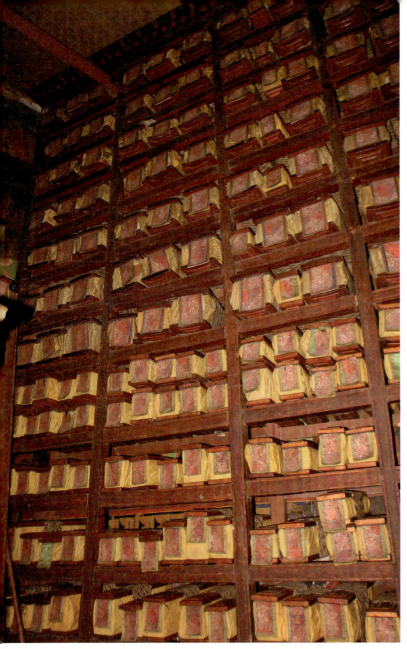

七世达赖喇嘛灵塔殿内的古籍文献

此套《丹珠尔》召集了西藏地区的造纸师、缝纫师、书法家和高僧学者等，在大昭寺艾旺大殿内共同完成，最后迎请至布达拉宫。

1934年，布达拉宫脚下的雪印经院印刷的《大藏经》及文集收藏于布达拉宫各大殿堂和古籍文献库中。目前，仅十三世达赖喇嘛灵塔殿内就收藏了640部雪印经院印刷的《大藏经》。除此之外，布达拉宫还收藏有平措林印经院、功德林印经院、扎什伦布寺印经院、甘丹寺印经院、喜德林印经院、色拉寺印经院等六十多处西藏各地印经院的珍贵文献。

（三）宗派源流类古籍文献

除了《大藏经》和上师文集，布达拉宫还藏有《佛祖传记》《第罗巴等古印度成就者传记》《阿底峡等噶当派高僧传记》《宗喀巴传记》《历代达赖喇嘛传记》《历代摄政王传记》《历代班禅喇嘛传记》等记载当时政治、社会、宗教、文化状况的文献，从中能够挖掘出西藏与中央政府之间的交往史，各民族之间交往、交流、交融的历史事实，以及西藏地区与中原、印度、尼泊尔、西夏、蒙古等的历史渊源。

教法源流类的文献包括《布顿教法史》《印度佛教源流》《汉地佛教

源流》《安多教法源流》《大隆教法源流》《土观宗派源流》，古代法典包括《松赞干布颁发的十
善法》《赤松德赞法典》《藏巴第司丹迥旺布颁发的十六法》《五世达赖喇嘛颁发的十三法典》《寺
院寺规》。另外，不同历史时期形成的《灵塔目录》《交接清册》《文书档案》等都具有非常高的
研究价值。

灵塔交接清册

（四）明、清中央政府赏赐给历代达赖喇嘛和高僧大德的文献

在布达拉宫馆藏文献中，明、清中央政府赏赐给西藏的古籍文献占据一定的比例。馆藏明永乐
版《甘珠尔》以朱砂汁印制而成。此套《甘珠尔》是明永乐八年（1410）由明成祖朱棣下令以西
藏纳塘版《甘珠尔》写本（一说为蔡巴版）为蓝本御制而成，曾赐给西藏大宝法王和大乘法王大师
各一套，是目前最早且保存最完整的藏文刻版《甘珠尔》。

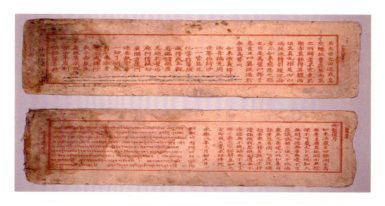

明永乐版《甘珠尔》

清乾隆年间刊印的满文《大藏经》是清代继《四库全书》之后的又一巨大传世文化工程，编译
工程始于乾隆三十七年（1772），完成于乾隆五十五年（1790），刊印完成于乾隆五十九年（1794），
历时 23 年，共印刷了 12 套。1792 年，乾隆皇帝下旨，分别赏赐七世达赖喇嘛和六世班禅额尔德

尼一套。布达拉宫萨颂殿（三界殿）收藏的满文《大藏经》共有 127 部，护经板装饰华丽，板面分别被金色、黄色、红色织锦层叠覆盖，正中以金汁恭书满文顶礼佛、顶礼法、顶礼僧的敬语，以及本函第一部经名、卷数，两侧各彩绘佛菩萨一尊，每尊佛像右下角以藏文、左下角以满文书写佛菩萨名号。内下层护经板与上层不同，其板面绘四尊护法神图像，每尊像的右侧以藏文、左侧以满文恭题该佛名号。经带以绿、蓝、红、白、黄五种颜色的丝棉线斜纹交叉编织而成，一端安有鎏金铜环扣，环扣一边与经带固定，另一边用来束紧经册。

乾隆皇帝强调"大藏汉字经函刊行已久，而蒙古字经亦俱翻译付镌，惟清字经文尚未办。及揆之阐教同文之义，实为缺略"，认为蒙、藏、汉三族均有自己民族文字的《大藏经》，唯独少满文，这与作为统治阶层的满族的地位不符。其编纂主要依据蒙文和汉文《大藏经》，同时参考藏文《大藏经》并命章嘉国师删定经目。因此，从满文《大藏经》的编译目到编译参与人员及装潢艺术看，它是满、汉、藏等多民族共同完成的成果，对研究多民族文化交流和合作团结具有重要的意义。

满文《大藏经》

（五）西藏地方印经院和各大寺院的文献

布达拉宫还藏有多部西藏各地印经院的典籍，如噶丹平措林印经院，其位于西藏日喀则拉孜县境内，原先是觉囊派的寺院（ཇག་བརྟན་དར་རྒྱས་ཆོས་གླིང་ཞེས་གྲོན་དགའ་བའི་ཆལ།），1615 年由多罗那他创建，1620 年创立达旦书刻院（ཡིག་བྲ），达旦寺书刻者（ཇག་བརྟན་གཞིས་པའི་ཡིག་མཁན།）名声大振。1651 年，五世达赖喇嘛时期改宗为格鲁派并取名"噶丹平措林"（དགའ་ལྡན་ཕུན་ཆོགས་གླིང་），印经事业达到顶峰，大量刊印了格鲁派上师宗喀巴的文集《菩提道次第广论》《噶当派教派源流》《更顿珠巴文集》等古籍文献，包括当时比较受欢迎的文本，甚至一些苯教的仪轨文本也得到大量印刷。

1959 年前后，拉萨及周边各寺院、拉章、贵族府邸、大商家中的文献典籍存放在布达拉宫各大小殿堂。1978 年，党的十一届三中全会以来，对中华文化遗产开展全面的保护行动，在全国范围内启动了古籍整理出版工作，布达拉宫组织了一批具有深厚藏文化功底的格西喇嘛开展文献整理工作，以同波·图登坚参为主的工作人员主要完成了对布达拉宫馆藏古籍文献、唐卡、造像等的初步归类、建档、编目等工作。

二、古籍文献建档与分类

建档和编目是古籍文献保护工作的基础。2018 年 7 月 27 日，李克强总理在西藏自治区布达拉宫考察文物保护时，表示布达拉宫的文物浩如烟海，包括这些经书典籍，既是中华民族的珍品，也是人类文明的瑰宝，不仅要保护好，还要研究好传承好。为此，布达拉宫在原有的基础上，再次对馆藏文献的分类编目、数量等进行细化、精确化。

藏文文献分类编纂是古籍文献工作的基础，它对藏文文献资源的保护和利用有着不可估量的作用。对文献分类的研究，不仅有利于藏学文献的有效利用，而且有助于更好地保护。众所周知，藏文文献分类初创期在公元 8 世纪，《旁唐目录》《丹噶目录》《钦布目录》对后来的藏文《大藏经》目录分类奠定了重要的基础。布达拉宫古籍文献分类工作始于 20 世纪 70 年代，其基本情况如下。

བཀའ་འགྱུར།	《甘珠尔》
བསྟན་འགྱུར།	《丹珠尔》
རྒྱ་གཞུང་།	《梵典藏译》
གསུང་འབུམ།	文集
ས་སྐྱའི་གསུང་འབུམ།	《萨迦派文集》
དགེ་ལུགས་གསུང་འབུམ།	《格鲁派文集》
རྙིང་མ་པའི་གསུང་འབུམ།	《宁玛派文集》
བཀའ་བརྒྱུད་གསུང་འབུམ།	《噶举派文集》
བོ་དོང་པའི་གསུང་འབུམ།	《珀东派文集》
བུ་ལུགས་གསུང་འབུམ།	《布顿派文集》
ཞི་བྱེད་གསུང་འབུམ།	《希杰派文集》
ཇོ་ནང་གསུང་འབུམ།	《觉囊派文集》
བོན་གྱི་གསུང་འབུམ།	《苯教文集》
གཅོད་ཀྱི་སྐོར།	《静息断派文集》
གཞུང་པོ་ཏེ་ལྔ།	五部大论

མཛོད་པ་མཛོད།	《具舍论》
འདུལ་བ།	《戒律》
དབུ་མ།	《中观》
ཕར་ཕྱིན།	《般若》
ཚད་མ།	《因明学》
ལམ་རིམ།	道次第
བློ་སྦྱོང་།	《修心》
སྤྱོད་འཇུག	《入行论》
རྒྱུད་སྡེ།	续部
བྱ་བའི་རྒྱུད།	《事部》
སྤྱོད་པའི་རྒྱུད།	《行部》
རྣལ་འབྱོར་རྒྱུད།	《瑜伽部》
རྣལ་འབྱོར་བླ་མེད་རྒྱུད།	《无上瑜伽部》
སྒྲུབ་ཐབས།	修法集
རིག་གནས།	文化
རྩིས།	历算
བསྐུལ་བཅོས་ཆབ་ཤོག	书信
དྲི་ལན།	问答
ཟབ་ཁྲིད།	秘法宝集
གསན་ཡིག	受法录
ཆོས་འབྱུང་།	宗派源流
འདོན་ཆ།	仪轨祈愿文
དཀར་ཆག	目录
རྣམ་ཐར།	传记
དབྱངས་ཡིག	乐谱

三、布达拉宫古籍文献的保护现状

首先，是对古籍文献的编目整理。目前，已出版了《布达拉宫馆藏格鲁派典籍目录》《布达拉宫馆藏宁玛派典籍目录》《布达拉宫馆藏噶举派典籍目录》《布达拉宫藏萨迦派典籍目录》《布达拉宫第一藏书阁藏文古籍文献目录》（上、下册）。从 2013 年开始，根据国家文物局的统一部署，布达拉宫在原有的基础上对馆藏文献进行了藏汉两种文字的普查登记，包括名称、年代、级别、材质、尺寸、重量、作者、残缺情况等 14 项指标，为布达拉宫古籍文献数据库的建设奠定了基础。并与西藏自治区社会科学院合作编写了《布达拉宫馆藏贝叶经目录》。

其次，古籍编目完成后，资源共享是迫在眉睫的任务。从 2011 年起，开放馆藏部分古籍文献资源，与藏医学院、色拉寺、大昭寺等单位实现资源对接，积极开展借阅工作，共完成 3700 余部古籍的对外借阅工作，为古籍的保护、研究、利用提供开放性环境，取得了一定的社会、文化效益。2014 年 9 月，在布达拉宫雪城成立了专业队伍，对布达拉宫馆藏孤本及档案类文献进行抄录整理。

第三，对馆藏贝叶经的保存环境进行了改善，制作经夹板 332 对、囊匣 250 盒、包经布 412 张、包经绸缎 334 张、绸缎目录 412 个、陈列展示柜 2 个。其中，96 部贝叶经存在残缺、开裂、字迹褪色、虫蛀等病害，20 多部贝叶经因受潮粘连成了残片包，无法再进行深入的研究。同时按照可移动文物信息录入的要求进行了建档和录入工作，现有 32 部详细的汉文版目录和 2 部珍藏贝叶经写本总目录。

2018 年，入选第一批《国家珍贵古籍名录》的古籍

（1）《大藏经·甘珠尔》明永乐八年（1410）刻本（编号 02289）；

（2）《白琉璃》第司·桑结嘉措撰清抄本（编号 02299）。

布达拉宫各殿堂及库房馆藏古籍文献的基本情况

布达拉宫各大殿堂保存的古籍文献			
保存殿堂	内容	数量（函）	
五世达赖喇嘛灵塔	《甘珠尔》为主	1610	
冲热拉康	《甘珠尔》为主	1562	
喇嘛拉康	《甘珠尔》文集等	130	
七世达赖喇嘛灵塔殿	《丹珠尔》《甘珠尔》《宁玛续部》	561	
旺康库房	藏医、天文历算、文集等	5198	
八世达赖喇嘛灵塔殿	《甘珠尔》	115	
九世达赖喇嘛灵塔殿	《甘珠尔》	115	
图旺拉康	《甘珠尔》	115	
东日光殿	文集等	462	
强康殿	《甘珠尔》《丹珠尔》文集	305	
轮朗康	《七世达赖喇嘛文集》	26	
萨松殿	满文《大藏经》	127	
十三世达赖喇嘛灵塔殿	雪《甘珠尔》六套	640	
帕巴拉康	杂集	8	
时轮坛城殿	文集	7	
菩提道次第殿	零散《甘珠尔》	73	
仁增拉康	《甘珠尔》等	1505	
绸缎库房	永乐版《大藏经》	105	
共计 12665 部			
布达拉宫古籍文献库所藏文献 26917			
第一古籍文献库	各类文集、纳塘版《大藏经》	1~2682	杰布仓
第二古籍文献库	各类文集、杂集	2683~10460	查德康
第三古籍文献库	各类文集、杂集	10461~15246	堪布仓
第四古籍文献库	纳塘版《甘珠尔》、雪《甘珠尔》等	15247~26917	东大殿、僧官学校、地垄、扎康
目前登记编目的古籍文献共计 39582 部（函）			
档案文献	甘丹颇章时期各类文书档案约 20000 函		

四、布达拉宫古籍数字化规划大纲

布达拉宫馆藏古籍版本多样，抄本、刻本均有，纸张的状况质地各异，保存状态也不一样，因此需要根据古籍的具体情况有选择地进行扫描，或通过其他途径进行数字化。目前，已确认古籍数字化和修复对象主要为贝叶经和各大殿堂所藏的《大藏经》，但仍需进一步调查馆藏《大藏经》的基本情况，包括研究《大藏经》的数量、版本、装帧特点等。

（一）组建专家团队

邀请西藏自治区内外的藏文古籍专家，组建布达拉宫古籍文献研究专家团队，围绕如何保护和利用布达拉宫古籍文献，定期举办专家座谈会并建立咨询机制，避免古籍文献数字化和保护利用中的误区，有效挖掘布达拉宫古籍文献的价值，建立完善、科学的工作机制。有序推进布达拉宫古籍文献的数字化和保护、修复、展示利用等工作的进一步开展。

（二）数字化采集

根据西藏地区独特的气候和纸质文物的材质，精准实施抢救性保护项目和古籍数字化工作。

调查布达拉宫古籍文献病害。布达拉宫古籍文献主要的病害有污渍、残存、霉菌、积尘、粘连、褪色、鼠尿、断裂等。加之不同纸张在厚度、材质、褶皱、颜色等方面存在一定的差异，数字化工作过程中要对光照、温度、机型的使用做出准确判断，避免人为损害。

通过数字化方式对古籍文献基本信息进行精准化采集，在不破坏古籍的前提下，实现文物信息的完整保存，为后续研究提供精准数据。利用传统与数字技术相结合的模式保存、研究、分享布达拉宫的文化价值。

目前，古籍保护工作主要采取两种保护性措施：一是结合传统修缮手段与科技手段对古籍进行修复、加固及改善藏书环境等原生性保护措施；二是通过现代技术、数字化手段将古籍内容复制或转移至其他载体，以实施对古籍长期保护与有效利用的再生性保护措施。布达拉宫馆藏的绝大部分古籍属于珍贵文物，其中不乏孤本、绝本，部分珍品的保存状态不容乐观，需要采取进一步的保护措施。传统的古籍保护手段已经不能满足或不适合部分古籍，随着国内外古籍数字化技术的日益成熟和完善，以数字化手段进行再生性保护已然成为今后布达拉宫古籍保护工作的主要方向。

关于数字化信息采集工作，仅以提取文本和扫描成图是采集不到最好的信息的。布达拉宫馆藏的《大藏经》有许多精美的佛像插画、扉页设计和整体装饰。为了能全方位地展现古籍的艺术特征，除采用高清摄影技术和扫描技术外，部分珍贵的古籍还应当利用摄影测量技术全方位采集二维影像数据，通过专业软件计算生成三维重建数据，充分体现古籍的艺术特征。

（三）数字化展示

建立完善的布达拉宫古籍文献数字库。根据布达拉宫馆藏古籍文献的内容，将传统古籍文献分类与现代图书目录相结合，对馆藏古籍进行系统分类，健全古籍文献检索功能，提升古籍文献的利用和保护效率，加强建立古籍文献的共享机制。

布达拉宫古籍文献数字化成果展示包括：

通过高清扫描采集古籍信息之后，建立线上线下的模式，部分古籍文献尝试性地共享给大众。通过门户网站和搜集 App 的渠道，提供在线阅读平台。

通过实物与数字展览结合的模式，实施阶段性数字化成果的展示计划。布达拉宫的一些珍贵古籍也可采用这种技术进行数据采集、3D 建模，从立体角度完成贝叶经的虚拟呈现，形成影像库，以及结合 VR 技术，以电子图书的形式模拟用户翻阅原件的阅读方式，提升布达拉宫古籍文物的立体感和逼真性。加深读者对布达拉宫古籍文献数字化的了解和文化服务窗口的建设情况，宣传和加大古籍文献的保护力度。

开展专题会议，编写古籍保护科普书籍，推动整理出版古籍文献数字化成果，提高古籍文献的研究水平和社会关注度，促进古籍文献对构建和谐社会的作用，共建中华民族文化共同体的意识。

五、结语

布达拉宫馆藏藏文古籍的内容和数量在我国是首屈一指的。鉴于此，需要在共建共享古籍数据库的同时，进一步提升布达拉宫特色古籍数据库的安全保护工作。在新时代，为了贯彻落实习近平总书记让书写在古籍里的文字都"活起来"的指示，以及中央第七次西藏工作座谈会中，要挖掘、整理、宣传西藏自古以来各民族交往、交流、交融的历史事实，布达拉宫在古籍文献保护、研究、利用工作中将找准方向，取得更多的成果。

纸质文物的保存方法初探

洛桑珠扎

摘　要：纸质文物因其材质的特殊性，很容易因受到外界因素的影响而出现损坏，如变黄、老化、变脆、虫蛀、发霉等，保存难度较高。现在针对纸质文物保存的技术不断更新，想要在现有基础上继续提高处理效果，还需要对各影响因素进行分析，有针对性地采取优化措施，根据实际情况选择最为合适的保存方法。本文分析了纸质文物遭受破坏的各种原因，并对保存方法进行了探讨。

关键词：纸质文物；保存方法；脱酸保护

纸质文物作为我国的重要文物之一，因其材质的特殊性，保存难度大，很容易受各种因素影响而损坏。纸质文物的保护工作需要针对其氧化、水腐蚀、粘连等问题进行处理，并采取措施对文物进行有效保存，降低各种因素的影响，从而充分发挥其所应有的作用。

一、纸质文物特点分析

纸质文物长时间埋藏在地下，受外界诸多因素干扰，会出现不同程度的氧化、水腐蚀、粘连等问题，存在变黄、变脆、发霉、虫蛀等情形，导致难以正常阅读，因此需要采取措施对其进行有效保存，避免进一步损坏。纸质文物损坏主要分为接触性损坏与非接触性损坏，接触性损坏即纸张与空气中的有害物质接触，并渗入纸张纤维内，出现酸碱中和、微生物降解、氧化降解、虫蛀鼠咬等化学与物理性变化，造成纸张内部结构与整体结构的损坏。非接触性损坏，即受温度、湿度、光照等因素影响，导致纸张纤维内部晶区结构性能变化，削弱纸张表面张力，易被外力损坏。对纸质文物进行保存，需要在原有基础上进行保护，无论是采取何种方式均不得使其原样发生变化。这就需要针对其材料特性，对影响因素进行分析，选择最为合适的技术方法进行处理，强化其柔韧度与质感，一边降低纸张老化度，一边提高其杀菌、防腐效果，降低各因素影响，延长保存时间。

二、纸质文物保存影响因素

纸质文物多被放置在库房内保管，或在陈列室内供人参观，直接置于空气中时，如果不妥善处理，势必会加速老化或损坏。常见影响因素包括光照、温湿度、大气污染、灰尘、微生物等。其中，光照强度过大会造成纸质主体纤维素发生化学变化，进而影响纸张性能。如果环境湿度过高，会造成纸张变潮水解，且耐水性差的字迹会褪色，同时潮湿环境有利于微生物生长，也会威胁纸质文物的保存。环境中存在的有害气体经过氧化作用，会破坏纸张的原有结构，降低其机械强度，导致字迹褪色。同时，环境中灰尘含量超标，灰尘颗粒与纸张表面产生摩擦，也会降低字迹的清晰度。且盐类尘埃分子在潮湿天气发生潮解，会改变纸张酸碱性，加剧纸张的损坏。保存环境中还存在部分水解产物，造成纸张粘连。另外，还要重视虫害影响，如果不采取措施，轻则会造成蛀蚀虫洞，重则会造成纸张的破碎。需认真分析各种影响因素，将其作为纸质文物保护措施的依据，提高保存作业的有效性。

三、纸质文物保存要点

（一）酸性物质处理

酸性物质会加速纸张的降解，加速纸张纤维的水解，降低其机械强度，轻则脆化变黄，重则脆裂粉碎。保存纸质文物时，需要有效隔绝其与酸性物质的接触，如含酸性材料的文件夹、盒子、书套等。可利用无酸性耐久保存材料保存与展示文物，减缓纸张的衰败速度。

（二）光照物质处理

光照可分为自然光照与人造光照，自然光照中的紫外线会加速纸张的损坏，应建立相对封闭的库房存放纸质文物，隔绝有害物质含量高的出土文物，或者可以选择能够过滤紫外线的窗户贴膜。同时，人造光照持续作用也会对纸张产生损害，且光照影响随着时间不断累计，加速纸张的化学反应速度，导致纸质文物性能退化。保存时要最大限度地缩短开灯时间，严格控制纸质文物的展示时间，并定期更换照明工具。

（三）湿度物质处理

纸质文物对湿度的敏感度较高，湿度过高会加速霉菌生长，湿度过低会加速纸张脆化。保存时应将环境湿度控制在 30%~70%，避免湿度变化造成纸张因纤维膨胀或收缩而损坏。可以选择用减湿器或硅胶干燥剂来控制夏季的相对湿度。

四、纸质文物保存关键技术

（一）加固保存

1. 改性石蜡保存

先用含有 4% 马来酸酐改性石蜡的二甲苯溶液处理纸质文物，然后将其放置在 110℃条件下干燥 30 分钟。这样可以有效提高纸张抗的强度，改善纸张耐酸碱的性能，且不会影响其耐折度和光泽度，纸张纤维间仍然可以保持松散的网孔结构，在不改变纸质文物外观与质感的前提下对其进行有效保存，达到专业处理标准。

2. 氰乙基壳聚糖保存

碱性条件下，利用 30% 氰乙基化改性壳聚糖胶液对纸张进行处理，可以有效提高纸张的抗强度与耐折度，还能够改善纸张的耐老化性能。同时，氰乙基壳聚糖保护材料老化降解后，产物为小分子糖类物质，不会损坏纸张的限位结构，并且具有可再保护性。选择此种技术对纸质文物进行处理，不会对其外观产生任何影响，同时还具有良好的加固性、相容性、再保护性，具有广泛的应用前景。

3. 含氟聚合物保存

利用 5%FEVE 氟树脂溶液和 20%HDI 三聚体对纸质文物进行加固处理，可以有效提高纸张的机械强度，能够缓解和抑制酸、热因素对纸张的侵蚀，达到加固保存的效果。

4. 胶液加固保存

胶液加固保存是有效保存纸质文物的方法之一，常见的有由改性氟树脂、低聚体材料、改性壳聚糖、纳米材料等组成的多功能纸质文物加固保护胶液，可以在不对纸张色泽、原貌、质感等产生影响的前提下，从粉化固结、限位增粗、断裂加固、防霉抗菌等方面实现对纸质文物的加固保存，有效巩固纸质文物的性能。

（二）脱酸保存

1. 丙酸钙 - 水 - 乙醇三元混合溶液

丙酸钙无臭，为白色轻质鳞片状结晶颗粒或粉末，在潮湿环境下容易潮解，且易溶于水，微溶于乙醇和乙醚等有机溶剂，水溶液 pH 值为 7~9，300℃ ~340℃ 环境下可分解成碳酸钙，多被用于食品防腐剂和饲料防腐剂。将丙酸钙 - 水 - 乙醇三元混合溶液用于纸质文物保存处理，可以将纸张 pH 值脱酸到中性，且不会造成纸张发皱或改变纸张颜色。就以往经验来看，当三元混合体系内丙酸钙为 3g 时，可以达到最优的脱酸效果。

2. 无水脱酸剂

无水脱酸剂即溶剂为有机物质的脱酸剂，可以适用于大部分环境，且为多种溶剂混溶来达到最终性质要求，或者添加适当的有机加固剂来提高脱酸效果。利用有机溶剂挥发性特点，对纸质文物进行脱酸保存，可以降低干燥处理费用，并缩短处理时间。

3. 水及碱性水溶液脱酸

纸质文物中含有铜、铁等能够促进光氧化降解的物质，保存时为提高纸张的稳定性，可以利用水进行处理，将存在的杂质、有害物质去除。酸是造成纸张腐蚀的主要因素，水可以稀释和带走纸张中的酸，因为水中所含钙镁离子达到 9ppm 时可以对纸张起到稳定效果，达到 14~20ppm 时可以对纸张起到脱酸保护效果，而达到 36~112ppm 时还可以有效抵抗空气中的酸对纸张的侵蚀，提升纸质文物的保存效果。

脱酸保存需要对纸质文物保存技术进行分析，考虑各种影响因素，结合实际情况来选择相应的处理方法，对纸张进行有效的加固保护处理，降低各种因素的影响，延长其保存时间。

参考文献:

陈莉，2011.关于纸质文物保存方法探析［J］.黑龙江科技信息（8）：129.

李文龙，2014.纸质文物保护方法可行性再探［J］.鄂尔多斯文化（1）：32-33.

齐志霄，2013.浅谈纸质文物深化保护［J］.才智（8）：224.

乔来聪，边境，郝锌颖，等，2015.现代纸质文物保护方法浅谈［J］.兰台世界（17）：113-114.

工 作 动 态

GONGZUO DONGTAI

布达拉宫古籍保护项目工作情况报告

布达拉宫文物保管科

摘 要： 布达拉宫文物（古籍文献）保护利用项目由国务院督办，被列为西藏自治区"7·18"重大项目及"十三五"规划重大项目，计划实施周期为10年，项目总投资3亿元。布达拉宫文物（古籍文献）保护利用项目不仅是可移动文物保护修复项目，更属于政治性项目、研究性项目、示范性项目。从政治意义讲，项目关系着国家安全、民族融合、治边稳藏、"一带一路"伟大倡议等重大国家政策，意义重大。

关键词： 布达拉宫；古籍保护项目；报告

一、项目前期工作进展情况

（一）成立领导小组，加强组织领导

为深入贯彻落实中央和自治区领导重要批示精神，进一步加快推进布达拉宫文物（古籍文献）保护利用项目工作，自治区成立了布达拉宫文物（古籍文献）保护利用工作领导小组，由丁业现副书记任组长，边巴扎西常委、多吉次珠副主席、石谋军副主席任副组长，成员单位由自治区发改委、财政厅、教育厅、文化厅、社科院、西藏大学、文物局、消防总队、宗教局、档案馆组成，领导小组下设办公室，办公室设在自治区文物局，与自治区文物局合署办公。

（二）积极开展项目工作，落实项目资金

2018年底，财政部先期拨付国家文物保护专项资金1000万元作为项目前期准备经费。立项后

作为项目前期准备经费，委托中国文化遗产研究院编制《布达拉宫文物（古籍文献）保护利用项目抢救性保护修复方案（一期）》《布达拉宫文物（古籍文献）保护利用项目——预防性保护方案（一期）》《布达拉宫文物（古籍文献）保护利用项目——数字化保护方案（一期）》，并报请区党委、政府及国家文物局批复，2019 年 4 月，国家文物局审批通过三个项目方案并拨付资金 3933 万元。经由布达拉宫管理处报请布达拉宫文物保护利用工作领导小组、西藏自治区文物局批示，委托西藏立信招标有限公司对 2019 年度西藏布达拉宫文物（古籍文献）保护利用项目（一期）进行公开招标，12 月 4 日由中国文化遗产研究院和成都联图科技有限责任公司联合中标。12 月 24 日由拉萨圣玉监理有限公司中标项目监理。

（三）设立古籍项目专用办公场地

2019 年 6 月西印经院，正式由自治区档案局接收，遵照多吉次珠副主席 8 月 8 日现场调研指示要求，开展西印经院加固门窗、维修墙体、给水给电、库房改造、办公室改造、修复改造实验室等工作。成立"布达拉宫古籍文献（贝叶经）保护研究中心"并投入使用，为项目顺利实施打下基础。

二、项目进展情况

（一）古籍文献建档登记

布达拉宫普查小组在第一古籍文献库的登录工作正式开始后，已完成对德格版《大藏经》文献的登记工作，目前从《布达拉宫馆藏格鲁派文集》开始，以藏汉双语的形式登记了四组不同的数据，登记内容包括古籍文献编目、名称、年代、尺寸、重量、图像信息等。已完成 2428 函 35663 册 826000 叶古籍文献的登记工作。

（二）预防性保护项目进展情况

布达拉宫已组建子项目团队，并明确团队内项目目标和人员职责。子项目负责人积极联系有实力的高校、国家级科研机构作为合作单位，商讨确定合作研究内容，联合开展环境监测、鼠害监测及相关研究工作。

完成第一古籍文献库、贝叶经库和临时库房详细勘察测量工作，形成平面设计图与框架设计方案初稿。

开展贝叶经库、殊胜三界殿环境监测设备放置及数据导出、整理与分析工作。

开展预防性保护环境监测设备、临时库房柜架等采购相关工作。

（三）抢救性保护项目进展情况

项目团队已组建完成，并依据项目目标和人员特长进行了职责划分，且已开展项目的前期筹备工作。

项目组进行了贝叶经价值评估和贝叶经高光谱扫描合作事宜，与可能开展合作的专业修复机构就聘用西藏本地修复师进行了沟通。

完成修复场地现场勘察测量工作，绘制完成了雪巴列空第三层修复场地规划图纸和雪巴列空第三层修复室水电点位示意图，并在现场项目各方完成了技术交底。

采购修复台、修复设备工具、耗材、高光谱扫描仪、无损取放设备等。完成了堆叠纸张分离方式调研报告。

开展藏纸文献和贝叶经修复的文献调研、贝叶经病害病因文献调研工作，开展贝叶经制作工艺及材料的文献调研，形成调研报告（初稿）。

初步制订了贝叶经病害调查标准，并向有关部门申请成为文物保护的行业标准。

进行病害自动识别软件系统的测试，开展生物病害样品、文物样品的分析工作。

开展藏纸古籍文献修复的调研工作，完成10页病害严重文物的试验性修复工作，按照国家相关标准完成了实验性修复报告。遗产院将修复报告提交相关专家审核，专家对此次试验性修复工作予以肯定，修复档案做得比较专业，同时对修复所用纸张、遵循最小干预原则等方面的工作提出了针对性建议。

完成病害调查实验室的布置，同时完成2019年度修复古籍的筛选和交接工作，共计36函19529页。目前，正在进行修复古籍文物的信息提取工作，截至2019年6月24日，已完成5函古籍文献的信息提取工作。

将购置的熏蒸消杀设备和防护用品送至工作现场，完成了文物熏蒸消杀前期准备工作。

（四）数字化保护项目进展情况

基本完成编目与数字扫描团队组建工作，并依据项目目标和人员特长进行了职责划分。

项目组就采购数字化扫描设备与实施方及招投标代理机构进行多次沟通。2019年4月28日，实施方成都联图科技有限责任公司对专用扫描设备的种类与参数进行确认。中国文化遗产研究院委托北京英诺威建设工程管理有限公司招投标代理机构制作专用扫描设备购置的招标文书。4月30日，完成招标文件复核工作。5月18日，研究院组织召开扫描及相关设备采购专家咨询会，专家一致认为，目前国内产品暂时无法满足项目需求，需要采购进口设备。5月27日，通过中国政府采购网正式发布招标公告。6月8日，收到质疑函，起草了澄清文件。6月18日，召开专家意见征询会，结合专家意见修改完善了技术参数需求部分、修改了商务部分；6月24日，确定澄清文件。同时开始数据存储阵列采购工作，完成相关招标文书的编写工作。

开展编码框架完善及现场确认工作；开展编目前期调研，形成编目体例初稿；开展文博行业数字化平台、少数民族数字化平台、知识图谱现状调查，形成调研报告初稿；开展藏品管理软件、数字资产管理系统软件研发、数字化平台方案细化与扫描预案制定、知识图谱前期调研等委托研发工作。

从第一古籍文献库搬迁 103 函《大藏经·甘珠尔》到西印经院库房，2020 年 4 月 1 日起，成都联图公司正式进入西印经院开展古籍文献扫描、图像处理、图像格式转换、图像数据存储、全文 OCR 识别、全文 TXT 文件校对、全文双层 PDF 文件的制作等工作流程，同时开展布达拉宫古籍文献档案整理及编码研究工作。投入设备 A1 书刊扫描仪、藏文 OCR 识别服务器、数字化工作电脑等设备共 21 台，投入扫描操作员、校对操作员、图片处理人员等共 12 人。已扫描完成 67 函 21756 叶古籍文献，制作 43512 张扫描图片，完成 65 函图像压缩及识别侦错工作，完成一校 13401 张，二校 9133 张。

三、古籍项目资金使用情况

（一）古籍项目前期经费

2018 年底收到古籍项目"布达拉宫文物保护利用补助资金"（前期经费）1000 万元，已使用 254.49 万元。

（二）2019 年古籍项目（一期）经费

2019 年 3 月 28 日收到《国家文物局办公室关于布达拉宫文物（古籍文献）保护利用项目经费需求方案的批复》（办预函〔2019〕228 号），预算经费为 3933 万元，其中抢救性保护项目 1855 万元、预防性保护项目（一期）经费 766 万元、数字化保护项目（一期）1312 万元。委托西藏立信招标有限公司对 2019 年度西藏布达拉宫文物（古籍文献）保护利用项目（一期）进行公开招标。12 月 4 日由中国文化遗产研究院和成都联图科技有限责任公司联合中标。中标价为 3586.31973 万元；12 月 24 日由拉萨圣玉监理有限公司中标项目监理，中标价为 47 万元。

根据项目合同已支付古籍方案设计费 179.62 万元、拉萨圣玉监理有限公司 40% 的监理首款 18.8 万元、成都联图科技有限公司 30% 的工程首款 47.7 万元、中国文化遗产研究院工程首款 913.831892 万元及专用设备购置费 1142.74 万元，共计 2302.69189 万元。

（三）2020 年古籍项目经费

2019 年底财政拨款 2020 年古籍项目经费 1912 万元，其中抢救性保护项目（二期）经费 1228 万元、预防性保护项目（二期）经费 429 万元、数字化保护项目（二期）经费 255 万元。目前，正在准备公开招投标。

四、下一步工作计划

（一）古籍建档登记工作

继续在第一古籍文献库开展古籍文献普查建档等工作，计划下半年完成全部噶举派文集和萨迦派文集的建档登记工作。

（二）项目推进

继续开展十年总体规划和"十四五"规划要点的修改完善工作。

继续开展相关材料、设备、工作的采购工作，拟于 7 月下旬将所需的修复设备、工具和材料采购到位，将快速推进项目合作团队的确定和进场工作事宜，基本完成进场前的准备工作。

继续开展相关调研和分析检测工作。主要有藏纸类文献、贝叶经病害分析检测，藏纸修复、贝叶经修复调研，实验室包装材料安全性评估测试，数字化保护利用平台建设具体工作方案编制和扫描前期保护预案编制研究工作等。

全面实施项目任务。包括全面开展病害评估工作，组织开展规模古藏纸文物的修复工作，组织开展现场环境监测工作；组织开展编目和编码工作，开展藏品综合管理系统、数字资产管理系统研发及知识图谱系统前期调研工作等。

继续完善项目管理手册，细化工作流程和管理要求。

（三）项目招标工作

正在筹备 2020 年度布达拉宫文物（古籍文献）保护利用项目（二期）的招投标工作。

2020 年布达拉宫古籍文献保护利用项目（一期）
抢救性保护项目病害评估子项工作初探

扎西拉姆

摘　要：古籍文献是不可再生的资源，古籍文献的载体多为纸张，由于质地脆弱、易受环境等内外因素的影响而难以保存。此次古籍文献病害调查是古籍文献保护利用中必不可少的前期基础性工作，为后续保护、利用、研究工作提供了精确数据和工作思路。

关键词：古籍文献；纸张；病害调查

一、背景契机

习近平总书记指出：让书写在古籍里的文字都活起来。2018 年 7 月 27 日，李克强总理来到布达拉宫考察文物保护工作时提出：布达拉宫的文物浩如烟海，包括这些经书典籍，既是中华民族的珍品，也是人类文明的瑰宝，不仅要保护好，还要研究好传承好。

2018 年 11 月 26 日，布达拉宫古籍文献普查小组正式开展第一古籍文献库的古籍文献登记建档工作。用藏汉两种文字，分四组进行数据录入工作，分别为馆藏藏文档案、馆藏汉文档案、可移动上报数据、古籍普查数据。

2020 年 6 月 22 日起，布达拉宫管理处文物保管科与中国文化遗产研究院共同对挑选的 36 函古籍文献进行文物清点、信息采集及待修复文物的挑选工作。共清点 36 函 19537 页古籍文献，其中 4284 页待修复，共采集待修复古籍图片 7783 张。

2020 年 8 月 17 日起，布达拉宫管理处文物保管科与中国文化遗产研究院共同对"BG102 号"贝叶经《阿毗达磨毗婆沙疏明灯》进行文物清点、图片信息采集工作。完成"BG102 号"贝叶经共 369 叶、738 张高清图片信息的采集工作。

正是在这种背景下，笔者有幸参与古籍文献保护事业，参加了布达拉宫古籍文献保护利用项目（一期）抢救性保护项目病害评估子项的工作。

二、布达拉宫古籍文献病害调查及选题缘由

布达拉宫古籍文献保护利用项目（一期）抢救性保护项目病害评估，为布达拉宫首次进行的古籍文献病害调查工作。笔者就布达拉宫古籍文献病害调查工作中的一些情况与感受做一些分享，希望可以帮助读者对布达拉宫目前进行的古籍文献病害调查工作有较为清楚的了解。

（一）馆藏情况

古籍文献是不可再生的资源，藏文古籍文献主要指书写或印刷于 1951 年以前具有传统古典装帧形式的书籍。布达拉宫古籍文献种类齐全、数量庞大、年代久远，最早可追溯至公元 8 世纪，其中不乏珍贵写本、自叙、手稿等原始资料。馆藏的 460 多部贝叶经，近 30000 叶，居世界首位。馆藏各种汉、藏、满、蒙、梵文典籍；各教派典籍文献，各种天文历算、地理杂记、医方药方、民俗文化、诗歌韵律、书信格式等涵盖了藏族文化的方方面面，是先贤留给后人的文化、艺术、精神财富，是研究藏文化与祖国乃至周边区域文化历史不可或缺的重要参考资料，极具历史、学术、艺术价值，是中国乃至全人类文明的瑰宝。

（二）病害情况

依据此次对 36 函古籍文献病害的调查，发现有较大一部分古籍文献存在不同程度的老化残缺、水渍、污渍、动物损害（鼠尿、虫噬、鼠啮）、微生物损害（霉菌）、褶皱、裂隙等病害现象。布达拉宫馆藏古籍文献载体多为纸张与植物纤维，由于质地脆弱，易受环境等内外因素影响而难以保存。受建筑条件的制约，无法集中统一保管，存放点多且分散，库房环境较为简陋，部分存放点鼠害虫害较为严重。部分存在堆放保存的现象。干燥严寒缺氧的高原环境虽为古籍文献的保存提供了相对较为有利的外部自然环境，但西藏地处平均海拔 4000 米的青藏高原，山川阻隔，交通不便。相比祖国内地，布达拉宫古籍文献的保护硬件条件较差，同时保护技术信息相对闭塞，受先天及后天因素影响，部分古籍正在加速老化，古籍文献病害隐患亟待消除。

三、项目前期工作

（一）前期基础性工作开展情况

古籍建档工作是一个摸清家底的过程，是最为基础的工作。2018 年 11 月 26 日，布达拉宫普查小组正式开展第一古籍文献库的古籍文献登记建档工作。用藏汉两种文字，分四组进行数据录入工作。录入内容包括古籍文献的编目、名称、级别、年代、质地、装帧、字体、板框规格、重量、附属物信息、页码、行数、形状内容描述、现状记录、图像信息等。截至 2020 年 6 月中旬，已完成《大藏经》、各类梵典、格鲁派文集、宁玛派文集、噶举派文集的文献登记建档工作，笔者交接工作前共计录入 1678 函 25155 册 653762 页的文献登记建档工作。

| 工作人员讨论古籍文献的文本价值 | 布达拉宫馆藏成书年代较早的一部古籍文献 | 第一古籍库古籍文献登记建档工作现场 |

2020 年 4 月 9 日起，布达拉宫管理处和中国文化遗产院共同开展了馆藏古籍文献纸张酸化调研工作。记录编号、文献名称、纸张类型、成书年代、保存现状、字迹颜料、所属页数、三点（左上、中间、右下）及三点平均 pH 值。在第一古籍文献库抽样检测了 13 份不同时期（11—20 世纪）藏纸纸张酸化情况，平均每叶所测 pH 值为 4.35~5.51；13 日在贝叶库检测的 2 份年代约 7 世纪的贝叶经（一份残叶与一份残片）pH 值为 4.43~4.73；在强康殿检测的 8 份蓝靛纸古籍，平均每页所测 pH 值为 4.18~5.65；在雪城其热手工造纸作坊检测了不同工艺、不同年代、不同产地的 13 份纸张酸化情况；调查显示，其热手工造纸作坊抛光工艺的新纸所测 pH 平均值为 4.94；其热手工造纸作坊不同厚薄不同工艺的狼毒纸中除一页未添加碱的狼毒纸 pH 值为 4.98，其余厚薄不同的狼毒纸平均 pH 值为 6.66~7.30；所测 16—18 世纪藏纸平均 pH 值为 4.64~5.37；一页林芝产狼毒纸与一页

达孜产未剥皮工艺的狼毒纸其 pH 值分别为 4.60、4.86。

2020 年 4 月 16 日，第一古籍库提出"GJ0000816"丹达·拉让巴文集中一卷 16 页进行整体脱酸实验。

用于整体脱酸实验的
GJ000086-1

脱酸人员针样纸进行
脱酸工作

6 份样纸脱酸前后 20 小时、
脱酸后 3 个月的 pH 值

2020 年 6 月 22 日，笔者开始参与病害调查工作。开展一期 36 函选样古籍文献进行文物清点、信息采集及待修复文物挑选工作。截至 2020 年 7 月 9 日，共清点 36 函古籍文献 19537 页，其中挑出待修复页数 4284 页，采集待修复古籍图片信息 7783 张。7 月 21 日，完成 32 函古籍文献的手工病害记录统计，36 函古籍文献中除一函保存完好外，大部分古籍文献均存在不同程度的老化残缺、水渍、污渍、动物损害（鼠尿、鼠啮、虫蛀）、微生物（霉菌）损害、褶皱、裂隙等病害现象。古籍病害调查图片信息采集工作完成后，笔者又参与了遗产院的古籍病害图的绘制工作，绘制 AI 病害图。

病害调查的图片信息采集

古籍文献病害的手工记录

进行病害调查的 36 函
古籍文献

2020年7月21日，在雪巴列空三楼左侧房间，与北京东方大地虫害防治有限公司共同布置场地，进行了为期三天的36函古籍文献的文物熏蒸消杀工作。

放置待熏蒸的36函古籍文献

三方合作开展文物
熏蒸消杀工作

工作人员进行气体投放

2020年8月17日起，布达拉宫管理处文物保管科与中国文化遗产研究院共同对"BG102"贝叶经《阿毗达磨毗婆沙疏明灯》进行文物清点、图片信息采集工作。完成"BG102"贝叶经共369叶、738张高清图片信息采集工作。工作过程中发现，当前一函贝叶经最为主要的病害就是纤维起翘脱落、裂隙与残缺问题。

工作人员进行贝叶经病害的
图片信息采集工作

工作人员正在进行翻译工作

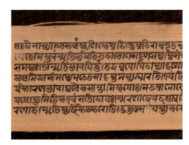

贝叶经纤维起翘脱落

（二）病害调查工作

古籍文献病害成因除了载体自身因素，还与外部环境、生物、人为影响等息息相关。温湿度的变化、光照、灰尘、环境等同样加速纸张的老化。因此，在进行古籍文献病害调查工作的同时，工作人员也对环境中的温湿度、紫外线辐射、挥发性有机化合物等进行监测，对鼠害进行定点监测。

馆藏纸质文物病害主要分为纸张病害与写印色料病害两类。此次病害调查工作根据《馆藏纸质文物病害分类与图示》（WW/T 0026-2010）标准开展，36 函古籍文献的病害以纸张病害为主，即残缺、污渍、水渍、折痕、裂隙、褶皱、动物损害、微生物损害，这些病害严重影响了古籍的有效保护。调查工作持续近三个月，累计挑选待修复古籍文献 4548 页，采集图片信息 7455 张。

（三）病害类型、病害图片及成因分析

1. 残缺及残缺病害图绘制

此次病害调查的 36 函古籍文献多为边角残缺或残断，多为外界物理作用所致，大部分集中于一函文献的首页、尾页或卷首页。（病害图片使用"⊠"进行标注。）

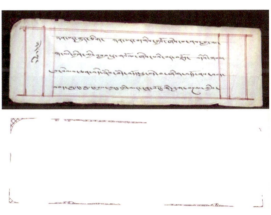

2. 污渍

此次病害调查的 36 函古籍文献，多处有点状、斑状污渍，个别有大片污渍，主要由油脂与尘埃混合而成，这些污渍有待研究分析。（病害图片使用"▦"进行标注。）

3. 水渍

此次病害调查的古籍文献中水渍多处于古籍文献的板框外围，接近边缘处，它们多为纸张浸水后留下的痕迹。（病害图片使用"▨"进行标注。）

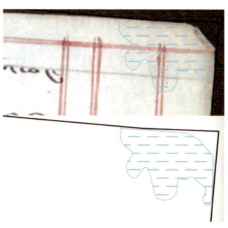

4. 裂隙

此次病害调查的古籍文献中裂隙多处于古籍文献的开本周边，多为纸张老化引起。（病害图片使用"⟋⟍"进行标注。）

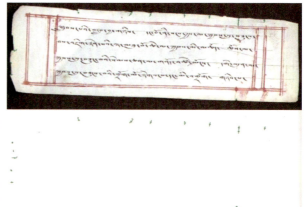

5. 褶皱

此次病害调查的古籍文献中仅有少数纸张出现了褶皱问题。（病害图片使用"⟋⟍"进行标注。）

6. 折痕

此次病害调查的古籍文献中折痕情况较为明显，常见于边角和开本周围，边角折痕多与裂隙同时出现。（病害图片使用"╱╱"进行标注。）

 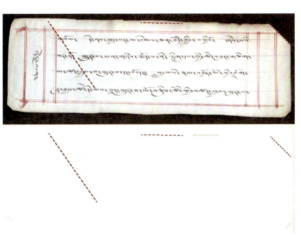

7. 微生物（霉菌）损害

在此次病害调查的古籍文献中，发现个别函被不规则的点状霉斑覆盖，纸面粗糙泛黑。西藏的外部环境不易产生霉菌等微生物侵害，这可能是保存过程中遭受水害和保存环境相对密闭所致。（病害图片使用"▨"进行标注。）

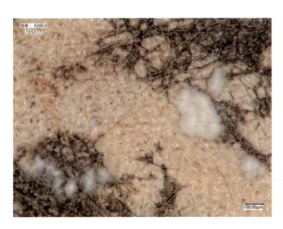 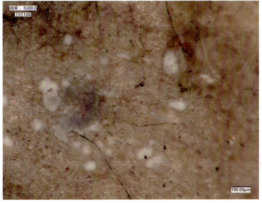

8. 动物损害

此次病害调查的古籍文献中，动物损害主要为虫蛀、鼠啮与鼠尿，多分布于古籍周边。虫蛀、鼠啮现象常常分布集中而有规律，并不是藏纸就不会受到虫蛀、鼠啮，只是相对汉地纸张而言比例较少。此次病害调查鼠尿现象集中在古籍文献侧边缘、首尾页，与水渍不同，鼠尿颜色深黄伴有异味。（病害图片使用"▨▨▨"进行标注。）

（四）病害图示

以下病害图例为笔者所画：图 a 为古籍原始图片；图 b 为实物图与病害图结合图示；图 c 为病害图示；图 d 为病害种类图例。（图片来源于中国文化遗产研究院）

图 a 图 b

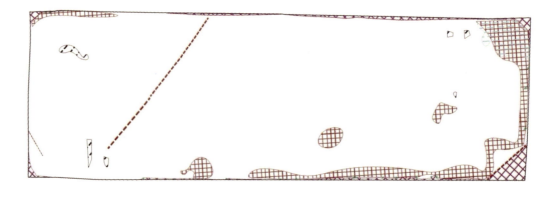

图 c

图例	1		水渍	2		污渍	3		皱褶	4		折痕	5		变形	6		断裂
	7		烟熏	8		炭化	9		变色	10		粘连	11		微生物损害	12		动物损害
	13		残缺	14		裂隙	15		糟朽	16		絮化	17		垫色	18		人为损害
	19		字迹残缺	20		纤维起翘	21		字迹模糊	22		字迹扩散	23		褪色	24		不当修复

图 d

四、总结

近年来，在党和政府的高度重视下，文物保护工作得到了极大的发展，但在大力发展文物保护技术，提升文物保护理念的过程中，还需要探索自身发展过程中遇到的问题与解决办法。在此次36函纸类古籍文献病害调查工作中，发现还有许多问题有待深入思考与解决。

（一）特殊纸张制作工艺的研究

布达拉宫古籍修复室条件较为简陋，虽然有手工造纸作坊和手工造纸技术，但缺乏对藏纸制作工艺及技术深入的研究，不利于后续古籍文献保护与修复工作的开展。

（二）藏纸的各种标准及界定

藏纸种类多达十余种，加之藏纸自身的特殊性，笔者认为藏纸不应依照汉地纸张的老化、酸化标准及内地纸张修复标准制定。而应配备纸张测试设备仪器，如纸张定量取样器、纸张耐折度仪、纸张测厚仪、纸张耐破度仪、纸张耐撕裂度仪等。有了科学的检测数据，才能制定具有针对性的藏纸标准，古籍文献的保护工作才能行之有效。

（三）古籍文献内外环境改善

古籍文献的保护利用需要从各方面改善入手，给古籍文献的保护创造一个良好的内外环境，需要有温湿度、防紫外线等符合国家标准的古籍文献库房配置是古籍文献的外部环境；古籍文献原有的装帧形式最大限度地保护和延续了古籍的生命，是古籍的内部环境。配有护经板、护经布、文献带扣的古籍文献，保存状况明显优于未配备装具的古籍文献。从科学角度分析，古籍文献的装具还应考虑脱酸处理，同一时代的护经布、护经板、文献带扣、函头标签等极具研究价值，传统的装帧形式不仅是古籍文献的保护装备，更是古籍文献的衍生文化。我们应该重视它，并且不断发掘其实用的和潜在的学术价值。

（四）专业人才不足制约着藏文古籍文献保护工作的进一步开展

"中华古籍保护计划"实施以后，古籍保护事业日益发展，同时包括古籍保护修复数字化利用等在内的保护利用工作也得到了发展。但是古籍保护工作专业性极强，培养古籍文献保护高层次人才是支撑古籍长远发展的根本，要加强古籍保护人才队伍建设，为西藏古籍保护事业奠定强有力的基础。布达拉宫古籍保护与利用应进一步细分专业，如修复方向、纸张研究方向、数字化方向、古籍学术研究方向、科学检测分析方向等，有针对性地培养不同的专业人员，尽快组建专业团队，才能为西藏古籍文献的保护利用工作奠定坚实的基础。

布达拉宫发展古籍保护利用既需要因地制宜，也需要自力更生。笔者初次接触古籍文献病害调查工作，对于古籍文献病害评估调查工作了解不够深入，专业基础也不够扎实，但是，希望以本次契机与此次病害评估调查为基础，之后继续丰富知识，提升自身水平，在以后的古籍保护工作中越做越好。孟子曰："穷则独善其身，达则兼善天下。"相信身边的每一位同事都有担当能奉献，相信国家的每一位文物工作者都可以保持社会主义先进文化方向，为建设社会主义文化强国奉献自己的一分力量。

西藏山南、日喀则和阿里地区寺庙古籍文献整理、保护现状调研分析

任江鸿　岳蕊丽

摘　要：自 2009 年国家古籍保护中心启动西藏古籍保护专项工作以来，在国家相关部门和西藏自治区政府的共同努力之下，西藏古籍保护工作取得了可喜的成绩。经古籍普查发现，西藏的古籍文献的收藏以图书馆、文物收藏单位、寺庙和民间居多，图书馆一般会为存储的古籍文献提供一定的保护措施，安排专人管理。寺院一般与当地文化部门联合，对古籍文献进行了一定程度的整理，采取了相应的保护措施，进行专门管理。但是由于存储环境差，保护技术落后，古籍文献的整理和保护工作仍需进一步加强。

关键词：西藏；寺庙古籍文献；保护现状；调研分析

2013 年 11 月，习近平总书记在考察孔子研究院时指出，要让书写在古籍里的文字都"活起来"。2016 年 5 月 17 日，习近平总书记在哲学社会科学工作座谈会上的讲话中指出："要重视发展具有重要文化价值和传承意义的'绝学'、冷门学科。"2019 年 7 月，习近平总书记在内蒙古考察时强调，要重视少数民族文化保护和传承。2007 年，国务院办公厅下发了《关于进一步加强古籍保护工作的意见》（国办发〔2007〕6 号）。2008 年，国家古籍普查工作正式开始。

西藏自治区是我国古籍文献大区，区内藏文古籍文献历史悠久、卷帙浩繁。古代西藏的教育模式主要是"学在寺院，以僧为师"，因此，区内大大小小的寺庙是古籍的主要存储场所，重要的寺

庙都设有印经院。截至 2019 年，西藏古籍普查登记已进行了 10 年，中央和西藏先后投入了 1031.72 万元普查资金。目前，西藏七市地的普查已经接近尾声，已知存放古籍的 1600 余个场所（包括修行洞在内），已完成登记 1200 余个，普查登记的式藉超过 1.3 万函，布达拉宫、萨迦寺、哲蚌寺等古籍重点保护单位仍有大量古籍待普查。普查中发现的孤本、善本不在少数，古籍基本上以藏文为主。截至 2019 年 8 月，西藏先后有 217 部（291 函）珍贵古籍入选《国家珍贵古籍名录》。

为了对区内寺庙所存古籍文献的保存保护情况进行调查研究，以便更好地保护和利用这些资源，2018 年 12 月、2019 年 6 月和 2019 年 7 月底，西藏大学文学院"西藏古籍文献整理修复人才培养"项目组分别对西藏自治区山南市、日喀则市和阿里地区几个主要寺庙的古籍文献资源、古籍保护与修复、保护环境与场所等相关问题展开了调研分析，旨在为进一步推动寺庙古籍文献的保护工作提供依据。

一、调研方法

（一）调研时间与调研单位

2018 年 12 月—2019 年 8 月，本项目组对西藏自治区山南市、日喀则市和阿里地区重要古籍文献存储的寺庙进行了调研，其中藏传佛教各主要教派的寺庙、近年有古籍出土的寺庙作为本次调研的重点单位。列入数据统计的有寺庙 7 座，遗址 2 个，贵族庄园 1 座。

存储古籍文献的寺庙：山南市加查县达拉岗布寺、隆子县白嘎寺，日喀则市扎什伦布寺、日喀则市江孜县白居寺、日喀则市萨迦县萨迦寺，阿里地区普兰县科迦寺、札达县托林寺。

重要遗址：阿里地区札达县古格王朝遗址和东嘎－皮央遗址。

贵族庄园：日喀则市江孜县帕拉庄园。

（二）调研方式

网络调研：调研前，通过网络了解寺庙古籍文献的保有、保护和修复情况。

实地调研：调研过程中，对于以上寺庙和重要遗址、贵族庄园进行实地走访和考察调研。

电话调研：调研后，对于一些不详信息，通过电话联系的方式向相关文物部门进行了解、核实。

二、寺庙古籍文献保存、修复、编目、整理及数字化传播利用情况

（一）古籍数量与规模

本次调研的 7 座寺庙、2 个遗址和 1 座庄园中，古籍收藏数量和规模最大的为日喀则市的扎什伦布寺和日喀则市萨迦县的萨迦寺。

萨迦寺被誉为"第二敦煌"，其主殿西墙内有著名的经书墙，高 10 米，长 81 米，存有 20000 多部经书，均采用金汁、银汁、朱砂或墨汁精工写成，不少经书甚至用红珊瑚汁做底，以高僧大德的骨骸所制墨汁或金汁写成。其中，还有被誉为世界造纸之最和经书之最的"大铁环经"，宽 1.2 米，长 1.1 米，以及世界上最稀有的 21 部贝叶经经书。这些经书中不乏珍本和孤本，是极为宝贵的文化遗产。另外，寺中还珍藏着大量萨迦派执政时期的重要文献资料，其中税收、封文、民间诉讼之类的文诰，是研究西藏封建农奴制社会的珍贵资料。

萨迦寺内壮观的经书墙

萨迦寺内保存的贝叶经

另外，山南市加查县达拉岗布寺、山南隆子县白嘎寺、阿里地区普兰县科迦寺、阿里札达县托林寺的古籍文献也较多。其中，山南达拉岗布寺于 2013 年出土了 2000 多张具有 500 多年历史的藏文古籍木刻版。刻版上的内容是唯一一部保存完整的达布噶举派上师达布索朗仁钦的经典著作——《解脱庄严宝》，目前现有其他存本都不完整，可以据其补充。由自治区古籍保护中心牵头，邀请藏文书法家扎西顿珠手写上版，尼木县刻经非遗传承人雕刻，2016 年底完成经文补刻并印刷 200 部，出土经版或与补刻经版一起存放。

阿里托林寺现存有蒙古文古籍《蒙古秘史》13 页，采用梵夹装形式，藏纸正背面书写，竹笔抄录，每页 23 行，四面单框，每页正面左侧用蒙古文写有页码。"存第二十三、二十四、二十五、

二十六、二十七、三十二、三十三、三十四、三十五、三十六、三十七、三十八、三十九叶"为《蒙古秘史》的一部分，即铁木真之妻孛儿帖被蔑儿乞人抢去，铁木真在王汗与扎木合的帮助下抢回孛儿帖，后又与扎木合决裂的内容。这仅存 13 页的残篇是近年发现的最为珍贵的蒙古文史料。虽卷帙不全，但通过分析其语句及内容可以推断：这一文献的出现时间应该介于《蒙古秘史》和罗桑丹津的《黄金史》之间，对研究蒙古史料及其演变过程有着重大的学术意义。

（二）古籍破损状况

在调研过程中发现，古籍破损是各寺庙古籍保护存在的普遍问题。与区图书馆等单位相比，很多寺庙根本达不到古籍保护的要求。以山南加查县达拉岗布寺和阿里普兰县科迦寺为例，达拉岗布寺很多破损的经书都摆放在大殿的书柜中，仅用一条布带系住；发掘出土的木刻版用铁皮盒、塑料布搭建的防雨防晒设施盖住，堆放在一个阁楼的顶层。

达拉岗布寺保存的残破经页

达拉岗布寺发掘出土的木刻版存放现状

科迦寺的很多经书残片都已粘连在一起。

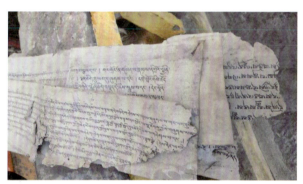

科迦寺尘污、粘连、撕裂、老化的古籍经页

经调研发现，寺庙收藏古籍主要的破损类型为尘污、霉蚀、虫蛀、鼠啮、水渍、粘连、撕裂、酸化、老化等，其中虫蛀、粘连、酸化、老化现象比较突出。主要原因一是西藏海拔高、紫外线强，在长期的流转过程中，古籍遭受自然的侵蚀比较严重；二是有些古籍是以伏藏的方式埋到地下后被考古发掘出来的，在地下必然会遭到一定的损毁；三是寺庙僧人古籍保护的意识比较淡薄，古籍保护的技术较为简陋。

（三）存藏环境

调研的 7 座寺庙，除日喀则市的扎什伦布寺、萨迦寺有专门的印经院、藏书室外，其他寺庙要么正在建设藏书室，要么由于种种原因将古籍存放于仓库，对于温度湿度的控制、防潮、防虫、防尘措施及再生性保护基本没有。防火设施基本都有配备，防火防盗工作由寺庙管委会和僧人共同负责。对此，各寺庙希望相关部门能够给予足够的重视，尽快建立标准化的、能有效保存古籍的藏书室，并呼吁有关专家能尽快对寺庙的古籍文献采取数字化扫描等措施。

（四）古籍修复情况

调研的这些寺庙都有古籍文献出土或遗存，却无专业的古籍修复人才，很多寺庙都是在古籍普查中由西藏自治区图书馆的专家确定古籍文献，并送西藏自治区图书馆古籍保护中心进行修复。目前西藏自治区图书馆古籍保护中心古籍修复人员仅有三四名，无法以最快速度完成所有寺庙的古籍文献修复工作。

（五）古籍编目、整理、数字化情况

据了解，截至2019年，由西藏古籍保护中心牵头的西藏古籍普查工作已对包括扎什伦布寺、萨迦寺、白嘎寺等重要寺庙在内的存有古籍的1600余个场所中超过1.3万函的古籍文献进行了整理、编目和部分数字化工作，但仍有一些古籍长期"沉睡"于寺庙和民间，亟待摸清底数、分类整理、登记编目和实现数字化。

三、存在的问题

（一）寺庙古籍资源有待进一步深入调研

西藏和平解放60多年来，在党和政府的高度重视下，西藏自治区的古籍资源普查和保护开发工作成效显著，布达拉宫、大昭寺、罗布林卡等重点文物保护单位的大量古籍文献都得到了妥善的管理和保护。但是与此同时，许多非重点文物保护单位的小型寺庙由于经费、人员、技术等多方面的原因，无法对自有古籍进行细致清点和科学编目整理，也未能及时进行定级和破损统计，给古籍保护利用等基础工作的开展造成了不利影响。

（二）亟待修复的古籍数量多、修复人员少，矛盾突出

据统计，2009年古籍普查工作开始时，全国图书馆古籍修复人员仅有100余人，西藏自治区更是少之又少。目前，区内的古籍修复人员主要集中于自治区图书馆、西藏大学图书馆和西藏博物馆，总数不到10人。而仅布达拉宫、罗布林卡和西藏博物馆就有10万余册古籍，很多寺庙如达拉岗布寺、托林寺、白嘎寺亟待修复的古籍都有数十麻袋之多。而自治区内高等院校尚未开设古籍修复专业，修复行业基本停留在手工和"师带徒"的经验传授阶段，无法把古籍修复和保护从传统技艺上升到理论和科学的层面。

（三）保护环境各寺庙条件不一，差距较大

由于当地相关部门的重视程度、寺庙经费、藏书量和人力等因素不同，各寺庙对于古籍的保存和保护也存在很大差异。例如萨迦寺，古籍数量巨大、珍贵古籍较多，当地政府非常重视，寺庙设有专门的藏经墙和藏书室。而山南市的达拉岗布寺，虽然有专人对古籍进行管理，但藏书室仍未修建完成，三大保险柜的古籍都存放在大殿旁的仓库内。山南市隆子县白嘎寺于2014年发现的66麻袋、30000多页的珍贵古籍文献，其中破损的13麻袋约6000多页古籍无专人管理，目前仍留在自治区图书馆修复。

（四）其他保护难题

一是青藏高原特殊的自然气候条件，很多手抄版的藏文古籍文献纸张、字迹、颜色都无法恢复；二是大部分藏文古籍文献的纸张都使用传统的狼毒草手工制作，特殊的纸张成本较高；三是很多珍贵的藏文古籍采用金汁书写，金汁书写的字迹见水容易湮散。

四、相关建议

（一）政府支持，加大寺庙古籍资源调研力度

随着"中华古籍保护计划"的进一步开展，以及党和政府对于西藏古籍文献开发保护的日益重视，古籍保护工作的财力、物力和人力方面的投入必然后越来越大。各级文物、文化和寺庙管理部门应积极争取相应支持，有计划、有步骤地加强寺庙古籍资源的调研、整理、保存、保护修复工作。

（二）多方努力，加快古籍保护修复人才培养

西藏古籍保护工作的良性发展离不开高素质的专业性古籍保护修复人才的培养。除了在区内高等院校图书馆、文学院等相关院系培养"古籍整理和保护""中国古典文献学"等专业的本科和研究生，还应在相应高、中等职业技术院校培养高职和中等专业的古籍修复专业人才。与此同时，建议由相关古籍保护中心主导，在条件成熟的高等院校设立"藏文古籍保护教学培训基地"，在区图书馆、博物馆等单位设置"藏文古籍保护实践基地"，联合开展各类型专业人才的培养工作。

（三）多种方式，加强寺庙古籍文献保护力度

对于古籍文献保有量少、人手不足、保存条件差的寺庙，建议由当地专业图书管理机构对古籍进行代管或与寺庙进行联合管理。对于古籍文献保有量大、人手足、保存条件好的寺庙，建议建立标准的藏书室。藏书室需具有特殊的功能和要求，必须单独设计、精心施工、专业管理，充分考虑古籍保护的特殊性，对藏书室的温度、湿度、光照进行严格要求，配备合格的消防、防盗、灭虫等安全设施。

参考文献：

本刊记者, 2014.142 部藏文古籍入选第四批国家珍贵古籍名录、4 家西藏自治区单位列为全国古籍重点保护单位[J].

中国藏学（S1）.

单霁翔，2011. 让西藏文化遗产永久传承［J］. 求是（9）：45–48.

格桑，2009. 古老的萨迦寺第二敦煌［J］. 中国文化遗产（6）：40–45.

李林辉，宁吉加，2003. 西藏山南加查县达拉岗布寺的考古调查及清理［J］. 西藏研究（2）：68–76.

马凌云，2014. 藏文文献收集与开发途径探究［J］. 现代情报（10）：74–78.

西藏自治区文物保护研究所，山南地区文物局，2014. 西藏加查县达拉岗布寺曲康萨玛大殿遗址发掘简报［J］. 考

古（8）：50–67.